1+3 미드 English

❶ 젊은이들의 일상회화

표현 하나를 들으면 대답 세 개가 보이는

1+3미드 English
❶ 젊은이들의 일상회화

초판1쇄 2009년 6월 16일 인쇄
초판2쇄 2010년 4월 30일 발행

지은이 이충훈 · 황혜진

펴낸곳 도서출판 이비컴
펴낸이 강기원
기획진행 김현호
디자인 이승현
편 집 김윤영
마케팅 김동중 · 이은미

주   소   서울 동대문구 신설동 96-24 세원빌딩 402호
대표전화 (02) 2254-0658
팩   스 (02) 2254-0634
전자우편 help@bookbee.co.kr

등록번호 제 6-0596호
등록일자 2002.4.9
ISBN 978-89-6245-017-0 03740
웹사이트 http://www.bookbee.co.kr

값 12,000원

파본이나 잘못 인쇄된 책은 구입하신 서점에서 교환해 드립니다.

이 도서의 국립중앙도서관 출판시도서목록(CIP)은 e-CIP 홈페이지(http://www.nl.go.kr/cip.php)에서 이용
하실 수 있습니다.(CIP제어번호: 2009001681)

1+3미드 English

① 젊은이들의 일상회화

이충훈 · 황혜진 지음

이 비 톡 talk

이 책을 시작하며

"1+3 미드 English" 시리즈는 장르별로 전 세계에서 가장 많은 사랑을 받고, 가장 회화 공부에 도움이 되는 미드(+리얼리티 쇼)를 각각 4편씩 선정해, 미드 속에 나오는 대사들 중 실제 네이티브들이 가장 즐겨 사용하는 회화 표현들을 담았습니다. 각 권 한 편의 미드에는 총 12개의 에피소드를 다루고, 하나의 에피소드에서 6개의 필수 회화 표현을 선정해 세 개의 대답을 수록했습니다. 따라서 독자 여러분은 권당 총 288개에 달하는 필수 회화 표현을 배울 수가 있습니다.

지금까지 시중에 나와 있는 수많은 표현 책들의 경우, 단순히 독특한 네이티브들의 짧은 표현들만을 학습자들에게 가르쳐 주는데 그 한계점이 있었다면, 이 책은 기존 표현 학습의 한계를 벗어나, "이런 표현들을 들었을 때, 어떤 식으로 대답하여 대화를 주고받을 수 있을까?"라는 부분에 초점을 두고 있습니다. 이를 위해서, 한 개의 필수 회화 표현에는 총 3가지 방식(네이티브들이 즐겨 쓰는 어감과 문장패턴을 사용)으로 대답할 수 있는 문장을 제시해 학습자들이 단순 표현의 학습을 넘어 언어를 주고받는 능력의 향상을 꾀하도록 하는데 중점을 두었습니다. 즉, 각 표현당 3개의 대답 문장이 붙으면서 여러분은 이 책 한 권을 통해 네이티브들이 일상생활 속에서 즐겨 사용하는 총 1,152개의 영어 문장들을 배울 수 있습니다.

이 책의 에피소드별로 정리된 필수 표현들과 그에 따른 대답 문장들을 듣고 따라 읽은 후, 해당 미드의 각 에피소드들을 시청해 보세요. 미드의 재미를 넘어서 여러분이 직접 학습한 내용들을 미드 속 네이티브들이 말하는 것을 들었을 때 느끼게 될 쾌감의 크기가 상상이 가시나요?

사실 저희 영어 실력의 절반 이상은 수많은 미드를 시청하고 대사를 따라 말해보는 노력을 통해 이루어졌다고 해도 절대 과언이 아닙니다. 누구보다 영어를 잘하고 싶어 하는 여러분이, 미드는 볼 필요가 없다며 실제 네이티브들의 대화 속도나 억양과는 현저히 다른 영어책 테이프만 듣고, 사용해 보지도 못할 독특한 표현들만 따라 읽으면서 영어 실력이 늘기를 바란다면 욕심이 아닐까요? 영어는 언어입니다. 한 나라의 언어는 결코 책 한 권 달랑 읽는다고 말문이 줄줄 열리는 것이 아닙니다. 영어를 사용하기 힘든 한국이라는 환경에서는 책과 함께 팝송, 영화, 미드 등의 다양한 문화상품들을 듣고 보고 즐길 때 비로소 말문이 트이고 귀가 열리는 겁니다. 영어 실력의 향상을 위해서 여러분들이 반드시 즐겨야 할 '미드' 라는 놀이동산으로 오세요.

저희는 이 책들과 함께 여러분들의 "10년 해도 늘지 않는 영어실력"의 탈피를 돕기 위해 이 책들의 전용 블로그를 운영하고 있습니다. 블로그에는 이 책에 등장하는 미드들의 대본들과 다양한 동영상 클립들, 그리고 기타 어학 자료들을 제공하고 있습니다. 언제든 방문해서 책과 함께 블로그가 제공하는 재미에 같이 빠져보시길 권합니다.

〈표현 하나를 들으면 대답 세 개가 보이는 "1+3 미드 English"〉를 넘어, 표현 하나를 들으면 수만 가지의 대답을 할 수 있을 정도로 여러분의 영어 실력이 느는 그 여정에 이 책이 큰 도움이 될 거라고 확신합니다. 자, 이제 힘차게 48일간의 영어 공부 대장정을 시작해 볼까요?

이충훈 & 황혜진(at J&L English Lab)

이 책은 이렇게 공부하세요!

 저자가 추천하는
"1+3 미드 English" 영어 학습법!!!

Step 1 학습 스케줄 표를 보고 오늘 배울 핵심 표현 6가지를 한글로 먼저 확인한다.

Step 2 MP3를 들으면서 오늘 배울 표현과 대답 문장들을 큰소리로 따라 읽는다.
(최소한 5번 많게는 10번까지 반복해서 듣고 따라 읽도록 한다.)

Step 3 MP3의 표현 문장만 들은 후, 자신이 직접 상황을 상상하여 대답 문장을 만들어 대답해 본다.
(굉장히 중요하니 반드시 실천할 것!!!)

Step 4 Review의 A-B 대화문 빈 칸에 해당하는 학습 표현을 직접 작성한 후, 같이 공부하는 친구들과 함께, 혹은 혼자서라도 큰소리로 리얼~하게 읽어 본다.

Step 5 다시 학습 스케줄 표로 돌아가서 처음에 본 한글 표현 아래 배운 내용을 기억하며 영문을 직접 작성해 본다.
(하루의 공부를 알차게 마무리!!!)

Step 6
한 편의 미드 12개 에피소드가 끝나면 패턴 학습 페이지의
내용을 학습한 후, 본문에서 해당 패턴이 사용된 대답 문장
들을 직접 찾아 밑줄 쫙!! 다시 한 번 읽어본다.
(표현과 패턴의 동시 완성!!!)

 더 실력을 업그레이드 하고 싶으신 분들을 위해!!

Step 7
저자의 블로그를 방문하여, 미드와 관련된 포스팅도 재미있
게 읽어보고, 미드의 대본도 다운 받아서 열심히 따라 읽어
보도록 한다. 물론 그냥 대본만 보면 재미없으니까, 해당 미
드 DVD를 구입 (대형마트 DVD 코너에 가면 쉽게 구입할 수 있
다!!) 또는 비디오 가게에서 빌려서 신나게 시청하면서 진정
한 미드의 세계에 빠져보자!!!

총 48일의 학습 스케줄을 완성한 분들은 표현과 대답을 합쳐
총 1,152개의 네이티브들이 즐겨 사용하는 영어문장과
총 48개의 필수 회화 패턴을 머릿속에 장착하게 될 것입니다.
영어 별거 아닙니다!!
이 책과 함께 실제 네이티브들이 사용하는 일상생활 문장들을
죽어라 듣고, 죽어라 따라 읽으면 말문이 열립니다!!

How to Use This Book

The O.C는 이런 미드다!

재미있는 미드 이야기를 한눈에 파악할 수 있도록 각 미드의 줄거리, 등장인물, 관련 사이트들의 정보를 담았습니다.

Episode 각 표현 하나에 대답이 세 개씩!

각 미드에서 가장 빈번하고 유용하게 사용하는 표현들을 선별해 구성했습니다. 한 편의 미드 속에는 에피소드 12개, 각각의 에피소드에는 표현 1개에 3개의 대답을 제시하여, 네이티브들이 가장 즐겨 사용하는 총 1,152개의 표현들을 학습할 수 있도록 했습니다. MP3와 함께 마음껏 대화를 즐기세요.

Review 와 함께 나도 미드 주인공!

각 에피소드에서 학습한 내용들을 확인하기 위하여 6개의 주요 표현들을 활용한 A-B 대화문을 제시했습니다. 배운 표현들이 상황 속에서 어떻게 적용되는지 확인해 보세요. 잘 기억이 나지 않으면 다시 꼭 복습하시기를 바랍니다.

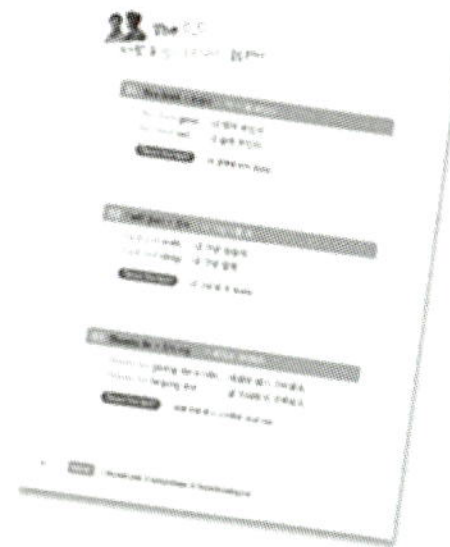

표현과 패턴을 한꺼번에 잡는다!

각 미드의 에피소드 표현에 대한 대답으로 나오는 문장들 속에서 패턴으로 학습할 수 있는 것들을 묶어서 정리해 놓았습니다. 미드 1편당 총 12개의 필수 패턴, 즉 총 48개의 패턴을 학습할 수 있습니다. 한 편의 미드를 통해서 표현과 패턴을 동시에 정복하세요.

1+3 미드 English 학습 스케줄!

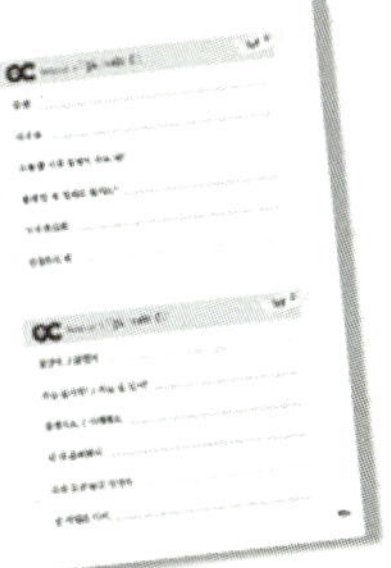

하루 분량 학습이 끝나면 학습 스케줄 안에 한글에 해당하는 영문을 직접 작성해 보세요. 6개의 표현과 함께 기억에 남은 것들을 적으면서 영어에 자신감을 가지세요.

저자 블로그 www.jnl.pe.kr

저자의 블로그를 통해서 재미있는 미드 소식들과 미드 대본 및 각종 영상 등 여러 가지 회화공부를 위한 자료들을 같이 학습하세요.

Contents

는 이런 미드다!

GOSSIPGIRL은 이런 미드다!

THE HILLS 는 이런 리얼리티 쇼다!

ONE TREE HILL 은 이런 미드다!

THE O.C는 이런 미드다!

본 미드의 제목인 The O.C는 미국의 캘리포니아 주의 상류층 지역인 Orange Country의 약자입니다. 이 미드는 총 4시즌에 걸쳐서 고등학생인 주인공들이 대학에 진학을 하고 졸업을 하여 사회인이 되기까지 벌어지는 여러 가지 사건들을 통해서 이들의 사랑과 우정, 배신 그리고 죽음까지 정말 다양한 내용들을 흥미롭게 시청자들에게 보여줍니다. 특히 미국 청소년들 사이에서 선풍적인 인기를 끌어, 여학생들은 "The O.C Night"이라고 해서 The O.C가 방영되는 날이면 같이 옹기종기 모여서 시청할 정도였죠.

드라마의 핵심 인물은 Ryan이란 이름을 가진 고등학생으로, 이야기는 불우한 가정에서 태어나 부모에게마저 버림 받은 그가, 부자 동네인 Orange County의 New Port란 곳에 사는 국선변호사 Sandy의 도움으로 그들 가족과 함께 살게 되면서 시작됩니다. 그 곳에서 Sandy의 아들인 Seth, 옆집 부잣집 딸 Marisa와 그 외 여러 친구들과 어울리며 벌어지는 다양한 에피소드들이 전개됩니다. 청소년들만의 이야기뿐만이 아니라, 전문 직업인인 부모님들이 위주가 되어 일과 가정을 다룬 에피소드들도 다양하게 등장하기 때문에 여러 가지 주제에 대한 회화 표현을 배울 수 있는 장점을 가지고 있습니다.

드라마 The O.C.에 관한 더 많은 내용들을 알고 싶으면 다음 사이트들을 방문해 보세요. 공식 홈페이지에서부터 팬들이 만든 팬 사이트까지 The O.C에 관한 다양한 사진 및 영상 자료들이 있으니 심심할 때 한 번씩 방문해서 살펴보는 것도 여러분의 영어 공부에 도움이 될 겁니다.

- www.theocshow.com
- www.theocinsider.com
- www.the-oc.com
- www.musicfromtheoc.com
- www.ocfiles.com

The O.C의
등장인물

라이언 Ryan

아빠와 형은 감옥에 갇혀 있고, 엄마마저 알코올 중독자인 결핍가정 출신의 고등학생이다. 같이 살던 어머니가 말도 없이 그를 버리고 떠나자, 국선 변호사 Sandy가 그를 자신이 살고 있는 부자동네인 New Port로 데리고 온다. 이제 이곳에서 그의 새로운 삶이 시작된다.

쎄스 Seth

Ryan을 자신의 집으로 데리고 온 Sandy의 외동아들이다. 부잣집 외동아들이지만, 다소 어리숙하고 다 큰 나이에 만화책을 좋아하는 독특한 성격으로 학교에서 친구들과 어울리지 못한 채 아웃사이더로 지낸다. 동갑내기인 Ryan의 등장으로 그의 New Port에서의 적응을 도와주며 그와 베스트 프렌드가 된다.

마리사 Marisa

Seth의 옆집에 살며 얼굴 예쁘고 몸매도 멋진 퀸카다. 나쁜 남자들에게 매력을 느끼는 전형적인 타입으로 남자친구가 있음에도 Ryan의 어둡고 반항아적인 모습에 빠져 든다. New Port에 착하게 조용히 살고 싶은 Ryan에게 생기는 문제의 대부분은 Marisa로 인해서 발생한다.

써머 Summer

Marisa의 가장 친한 친구로 Seth가 어릴 때부터 짝사랑해 온 동경의 대상이다. 다소 말하는 것이나 행동하는 것이 부잣집 머리 빈 여자아이들의 전형을 보이지만, 그 속은 굉장히 여리고 착하다. 후에 Seth의 여자친구가 된다.

샌디 Sandy

Ryan을 자신의 집으로 데려온 장본인이다. 본인도 어린 시절을 불우하게 보냈지만, 열심히 공부하여 자수성가한 남자다. 불우한 환경 속에 살지만 머리가 좋고 심성이 착한 Ryan을 도와주며, 그의 보호자로 여러 가지 사건들을 나서서 해결해 준다.

Episode 01

01 Hey!
안녕!

#01 Hey. How are you?
안녕. 잘 지내?

#02 Hey. You look great today.
안녕. 너 오늘 멋져 보인다.

#03 Hey. What are you doing here?
안녕. 여기서 뭐하니?

02 Get in.
어서 (차에) 타.

#01 No, thanks. I will just walk.
고맙지만 됐어. 나 그냥 걸을게.

#02 Okay. Thanks for giving me a ride.
그래. 태워줘서 고마워.

#03 Thank you. You have a nice car.
고마워. 네 차 정말 좋다.

어휘 / 표현정리

- **Hey!** 미국 젊은이들이 서로 가볍게 인사할 때 즐겨 쓰는 인사법. Hi보다 더 많이 사용함.
- **give someone a ride** ~를 태워주다 • **Thanks for + 동사 ing** ~해줘서 고마워

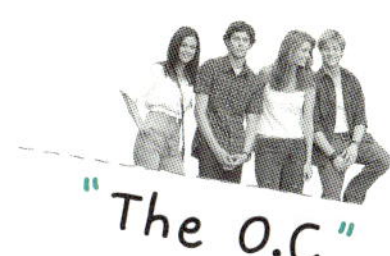

03 Can I crash with you tonight?
오늘 밤 너희 집에서 자도 돼?

#01 Of course. What time will you come?
물론이지. 몇 시에 올 건데?

#02 I am sorry, but you can't.
미안하지만, 안 돼.

#03 Why? Did your mom kick you out?
왜, 엄마가 너 쫓아냈니?

04 Can I bum a cigarette?
담배 한 대 빌려도 될까요?

#01 Sorry, but I don't smoke.
미안하지만, 전 담배를 안 펴요.

#02 Sure. Here you go.
물론이죠. 여기 있어요.

#03 Wait a minute. How old are you?
잠깐만. 너 몇 살이니?

어휘 / 표현정리

- crash (남의 집에서) 자다 · kick someone out ~내쫓다 · come by 들르다
- Of course.(=Sure. / Why not? / Certainly.) 당연하지! · bum 빌리다
- Here you go.(=Here you are. / Here it is.) 여기 있어요.

05 That sounds cool!
(무언가를 듣고) 그거 멋진데! / 그거 좋은데!

#01 I knew you would say that.
네가 그렇게 말할 줄 알았어.

#02 So, are you going to come to the party?
그러면, 너 파티에 오는 거니?

#03 It sure does! It's going to be off the hook!
당연히 그렇지! 아주 끝내 줄 거야!

06 No worries.
걱정하지 마.

#01 Are you sure?
확실해?

#02 Okay. I will trust you.
그래, 널 믿을게.

#03 Thanks for your help.
도와줘서 고마워.

어휘 / 표현정리

- cool 멋진, 훌륭한　　　　　　　• off the hook (속어) 환상적인, 끝내주는
- No worries.(=Don't worry. / No problem.) 걱정하지 마.

Review!

다음 각 A와 B의 대화문 빈칸에 들어갈 적절한 표현을 넣어보세요.
잘 기억이 나지 않는다고요? 그럼 앞으로 돌아가서 다시 복습하세요!

1. A : Do you want to go to the party tonight?
    오늘 밤 파티에 가지 않을래?

    B : _______________________________________
    그거 좋은데!

2. A : _______________________________________
    안녕!

    B : Hey, How are you doing?
    안녕, 어떻게 지내?

3. A : _______________________________________
    오늘 밤 너희 집에서 자도 돼?

    B : Why? Did you run away from home?
    왜? 집에서 도망쳤어?

4. A : Excuse me. ___________________________
    실례합니다. 담배 한 대만 빌려도 될까요?

    B : Of course. Here you are.
    그럼요. 여기 있어요.

5. A : Hey, Jack. I will give you a ride. _________
    야, 잭. 내가 태워 줄게. 어서 타.

    B : Thanks. You are so kind.
    고마워, 넌 정말 친절해.

6. A : _____________________________ He will be fine.
    걱정하지 마. 그는 괜찮을 거야.

    B : I really hope so.
    정말 그러길 바래.

Episode 02

01 Fair enough.
알았어. / 알겠어.

#01 Thanks for understanding.
이해해 줘서 고마워.

#02 I'm really sorry. I will make it up to you next time.
정말 미안해. 다음에 신세 갚을게.

#03 Okay, then I will meet you at 7.
그래, 그럼 7시에 만나자.

02 What's going on?
무슨 일이야? / 무슨 일 있어?

#01 Don't worry. It's nothing.
걱정하지 마. 아무것도 아니야.

#02 Nothing much.
별일 없어.

#03 I just can't find my wallet. Can you help me find it?
내 지갑을 찾을 수가 없어. 지갑 찾는 것 도와줄 수 있어?

어휘 / 표현정리

- **wallet** 지갑 cf) 여자용 지갑은 *purse*
- **Fair enough.** 100% 맘에 들지는 않지만 동의할 때 사용
- **make it up to someone** ~에게 보상하다, 신세 갚다

03 **I get it.**

알겠어요. / (무슨 말인지) 이해해요.

#01 You're very smart. A word to the wise is enough.
너 매우 똑똑하구나. 하나를 가르쳐 주면 열을 아네.

#02 Do you really know what I'm saying?
정말 내가 무슨 말하는지 알겠니?

#03 You do? Then, I guess I don't need to explain it further.
그래? 그러면, 더 설명할 필요가 없을 것 같구나.

04 **I'm all set.**

난 다 준비됐어.

#01 All right. Let's go.
좋았어. 가자.

#02 Really? Where's your bag?
정말? 네 가방은 어디 있는데?

#03 I'm ready, too. Shall we go now?
나도 준비됐어. 지금 갈까?

어휘 / 표현정리

- **explain** ~을 설명하다   • **further** 더 깊게, 더 멀리   • **all set** 준비된
- **A word to the wise is enough.** (속담_직역) 현자에게는 한 마디만 해도 충분하다.

05 We're just hanging out.
우리 그냥 놀고 있었어.

#01 11 o'clock at night? You guys should go home now.
밤 11시에? 너희 이제 집에 가야지.

#02 Really? I didn't know you two are friends.
정말로? 난 너희 둘이 친구인 줄 몰랐네.

#03 I see. Can I hang out with you guys, too?
그렇구나. 나도 너희하고 놀아도 될까?

06 I can keep a secret.
난 비밀은 지켜.

#01 Oh, you'd better!
오, 그러는 게 신상에 좋을 거야.

#02 I mean it. You must not tell anybody that.
나 진심이야. 절대로 다른 사람에게 얘기하면 안 돼.

#03 Okay. Here's the thing. I stole chocolate from a store.
알았어. 있잖아, 나 상점에서 초콜릿을 훔쳤어.

어휘 / 표현정리

- **hang out** 어울리다, 놀다 • **had better** ~하는 것이 좋다 • **mean it** 진심이다
- **Here's the thing.** (망설이다 말문을 열 때 주로 사용) 있잖아. 그게 말이지.

다음 각 A와 B의 대화문 빈칸에 들어갈 적절한 표현을 넣어보세요.
잘 기억이 나지 않는다고요? 그럼 앞으로 돌아가서 다시 복습하세요!

1. A : Julie! ___________________________________
   줄리! 무슨 일이야?

   B : I fell down the stairs. Oh, my back hurts.
   계단에서 넘어졌어. 오, 등이 아프다.

2. A : What are you guys doing out here.
   너희 여기서 뭐하는 거야?

   B : ___________________________ What are you doing here?
   우린 그냥 놀고 있었어. 넌 여기서 뭐해?

3. A : Are you following me?
   너 내 말 알아듣고 있어?

   B : Sure, _________________________________ Keep going.
   그럼, 이해해요. 계속 해.

4. A : You have to promise that you won't tell anyone.
   너 아무한테도 말 안 한다고 약속해야 해.

   B : ____
   나 비밀은 지켜.

5. A : Hurry up, or we are going to be late.
   서둘러, 안 그러면 늦을 거야.

   B : _____________________________________ Let's go.
   난 다 준비됐어. 가자.

6. A : Jason, I really don't want to see you again.
   제이슨, 나 이제 너랑 만나고 싶지 않아.

   B : Okay. ___________________________ I will not come again.
   그래. 알았어. 다시는 안 올게.

01   **I'm grounded.**
나 외출금지야.

#01   Why? What did you do wrong?
왜? 너 뭘 잘못했는데?

#02   Really? Is it because of your report card?
정말? 그거 네 성적표 때문인 거니?

#03   That's too bad. Until when are you grounded?
그거 안됐구나. 언제까지 외출금지니?

02   **What's up?**
잘 지내? / 별일 없지?

#01   Nothing much, how are you doing?
별일 없어, 넌 잘 지내?

#02   Same old, same old.
늘 똑같지 뭐.

#03   I was just doing my homework.
그냥 숙제하고 있었어.

어휘 / 표현정리

- **be grounded** 외출금지 당하다
- **report card** 성적표
- **What's up?** 미국 젊은이들 간에 상대방의 안부를 물을 때 주로 사용하는 표현. 굳이 대답을 안 하고 같이 What's up?이라고 물어도 됨.

03 **Whatever.**

그러시던지. / 난 상관 안 해. / 마음대로 해.

#01 You really don't care who I go out with?
너 정말로 내가 누구랑 데이트하든 상관 안 한다는 거지?

#02 Yeah, whatever.
그래, 나도 상관 안 해.

#03 Okay. Then, let's go see a horror movie.
그래. 그러면, 공포영화 보러 가자.

04 **Leave her alone.**

걔 내버려 둬요. / 걔 귀찮게 하지 마.

#01 What are you, her boyfriend?
너 뭔데, 애 남자친구라도 되냐?

#02 What if I don't? What are you gonna do?
안 내버려두면? 네가 어쩔 건데?

#03 All right. I will leave her alone.
알았어. 내버려 둘 게.

어휘 / 표현정리

- **care** 걱정하다, 관심을 갖다
- **go out with** ~와 데이트하다
- **leave someone alone** ~를 내버려 두다
- **What if S + V** 만약 ~라면 어쩌지?
- **gonna(=going to)** ~할 것이다

05 We're done.
우린 끝났어. / 우린 볼 일 없어.

#01 Are you serious?
진심이니?

#02 Are you breaking up with me?
너 나랑 헤어지는 거니?

#03 You're right. We're done. I will not speak to you again.
네 말이 맞아. 우린 끝났어. 다시는 너에게 말 안 걸게.

06 You rock!
너 끝내준다.

#01 I know. I get that a lot.
나도 알아. 나 그 말 많이 들어.

#02 Thanks for the compliment.
칭찬해 줘서 고마워.

#03 Haha. I told you I could do it!
하하. 내가 할 수 있다고 말했잖아!

어휘 / 표현정리

- **be done** 끝난
- **get** 이해하다, 듣다
- **compliment** 칭찬
- **break up with** ~와 헤어지다
- **rock** 끝내준다, 환상적이다, 대단하다
- **I get that a lot.** 그런 말 많이 들어요.

Review!

다음 각 A와 B의 대화문 빈칸에 들어갈 적절한 표현을 넣어보세요.
잘 기억이 나지 않는다고요? 그럼 앞으로 돌아가서 다시 복습하세요!

1. A : Where's Carol? I need to have a word with her.
   캐롤은 어디 있어? 나 걔한테 할 말 있는데.

   B : ____
   걔 그냥 내버려둬요.

2. A : Can we go to the movies tonight?
   우리 오늘 밤 영화 보러 갈 수 있어?

   B : I'm sorry, but I can't. _______________________
   미안하지만, 난 못가. 나 외출금지야.

3. A : You know what? _______________________________
   너 그거 알아? 우리 끝났어.

   B : Please forgive me. I don't want us to end like this.
   용서해줘. 난 우리 관계를 이런 식으로 끝내고 싶지 않아.

4. A : How did you do that? ____________________________
   그거 어떻게 했어? 너 끝내준다.

   B : Thanks. Glad you enjoyed it.
   고마워. 네가 좋아하니까 나도 기쁘다.

5. A : Hey, ____
   안녕, 별일 없지?

   B : Nothing much. Is everything all right with you?
   별로. 넌 잘 지내?

6. A : I like him, but I don't love him.
   난 그를 좋아하지만, 사랑하진 않아.

   B : ____
   난 상관 안 해.

01 Let's move on.
이제 그만 잊자.

#01 You're right. Let's bury the past and look to the future.
네 말이 맞아. 과거는 묻고 미래를 바라보자.

#02 I know I should, but it's really difficult.
나도 그래야 하는 것 알지만, 너무 어려워.

#03 It's easy for you to say. I just can't get over him.
넌 말하기야 쉽지. 난 그를 못 잊겠어.

02 You want me to fix you up with him?
널 걔랑 엮어 달라고?

#01 Yeah, why not?
응, 안 될게 뭐가 있어?

#02 That's right! Come on, what are friends for?
맞아. 야, 친구 좋다는 게 뭐야.

#03 Yeah, naturally. Without making him notice.
응, 자연스럽게. 그가 알아차리지 못하게.

어휘 / 표현정리

- **bury** 묻다
- **Why not?** 물론이지. 안 될게 뭐야.
- **fix someone up with A** ~를 A와 엮어주다(소개해주다)
- **get over** ~을 극복하다, 잊다
- **notice** 알아채다

03 You're into her, huh?
너 걔한테 호감 있지, 그렇지?

#01 What? No way! I don't even like her.
뭐? 말도 안 돼. 난 걜 좋아하지도 않는다고.

#02 No, I'm not into her. She's not even my type.
아니야, 내 걔한테 관심 없어. 걘 내 타입도 아니야.

#03 Yeah, I am. I think she's cute.
응, 맞아. 난 걔가 귀여운 것 같아.

04 It's gonna be awesome!
아주 끝내줄 거야. / 멋질 거야.

#01 Absolutely!
당연하지!

#02 Yeah, I'm really looking forward to it.
응, 난 정말 그거 기대하고 있어.

#03 I hope so. So what time are you going to pick me up?
나도 그러길 바래. 그럼 몇 시에 나 데리러 올 거니?

어휘 / 표현정리

- **look forward to (V -ing)** ~을 기대하다
- **awesome** 끝내주는, 멋진, 환상적인
- **pick someone up** ~를 (차로) 데리러 가다
- **be into** ~에 호감(관심)이 있다
- **Absolutely!(=Certainly! / Definitely!)** 당연하지. 그렇고 말고.

05 I really don't fit in.
난 정말 (환경, 사람들과) 어울리지가 않아.

#01 Why do you think so? Did something happen today?
왜 그렇게 생각하는데? 오늘 무슨 일 있었니?

#02 Yes, you do! You fit in with everybody else.
아니야, 그렇지 않아! 넌 다른 모든 사람들과 어울린다고.

#03 Let's be honest here. Have you ever tried to fit in?
우리 솔직해지자. 너 어울리려고 노력은 해봤니?

06 I'm not an idiot.
난 바보가 아니에요.

#01 Then, listen to her and stop acting like one.
그러면, 그녀 말을 듣고 그만 바보처럼 굴어요.

#02 I didn't say you are an idiot.
난 당신이 바보라고 한 적 없어요.

#03 But, everyone thinks you are an idiot.
하지만, 모든 사람들이 당신을 바보라고 생각해요.

어휘 / 표현정리

- **idiot** 바보
- **stop V-ing** ~하는 것을 멈추다
- **Have you ever** ~ 해본 적은 있습니까?
- **fit in (with)** (~와) 어울리다

Review!

다음 각 A와 B의 대화문 빈칸에 들어갈 적절한 표현을 넣어보세요.
잘 기억이 나지 않는다고요? 그럼 앞으로 돌아가서 다시 복습하세요!

1. A : ____
   널 걔랑 너랑 엮어 달라고?

   B : Yes, please. I just can't stop thinking about him.
   응, 제발. 걔 생각을 멈출 수가 없어.

2. A : ____
   너 걔한테 호감 있지, 그렇지?

   B : What are you talking about? I'm not interested in her!
   무슨 소리야? 나 걔한테 관심 없어.

3. A : ____________________________ Everybody hates me.
   난 정말 여기에 안 맞아. 다들 날 싫어해.

   B : That's not true. They just don't know you, yet.
   그렇지 않아. 걔들이 아직 널 몰라서 그래.

4. A : Forget about the past. ____________________________
   과거는 잊어버려. 이제 그만 잊자.

   B : I really want to, but I can't.
   나도 그러고 싶은데, 그럴 수가 없어.

5. A : 500 dollars for that shirt? Hey, ____________________
   그 셔츠가 500달러라고? 이봐, 난 바보가 아니에요.

   B : Well, if you don't want to buy it, stop wasting my time.
   안 살 거면 내 시간 뺏지 말아요.

6. A : I am going to Jake's party tonight. ____________________
   나 오늘 밤에 제이크 파티에 갈 거야. 멋질 거야.

   B : Yeah, his party is always great.
   맞아, 걔 파티는 항상 멋져.

01 Let me buy you lunch.
내가 너 점심 사줄게.

#01 Really? Thanks. What's the occasion?
정말? 고마워. 무슨 날이야?

#02 No, it's my treat this time.
아니야. 이번에는 내가 쏠게.

#03 No, it's okay. Let's just split the bill.
아니야, 괜찮아. 그냥 각자 계산하자.

02 Cool?
괜찮아?

#01 Yeah, cool.
그래, 괜찮아.

#02 Yeah, I'm all right.
응, 난 괜찮아.

#03 Yeah, it's cool. Don't worry about me.
그래, 괜찮아. 내 걱정은 하지 마.

어휘 / 표현정리

- **let someone + V** 누가 ~하게 하다
- **split the bill** 각자 계산하다
- **It's my treat.** 내가 쏠게요.
- **cool** 멋진 or 괜찮은, 문제없는

03 You can't blame her for that.
그걸로 그녀를 비난할 수는 없어요.

#01 Tell me a reason why I can't.
내가 그럴 수 없는 이유를 하나 말해봐.

#02 Why not? She's ruining everything!
왜 안 되는데? 그녀가 모든 걸 망치고 있다고!

#03 Then, who's the one to blame?
그럼, 누구를 비난해야 하죠?

04 Have fun!
재미있게 보내. / 즐거운 시간 돼.

#01 Thanks. We will.
고마워. 그렇게.

#02 You, too. I will see you next week.
너도. 다음 주에 보자.

#03 Thank you. I will give you a call when I get there.
고마워. 거기 도착하면 전화할게.

어휘 / 표현정리

- **give one a call** ~에게 전화를 하다
- **get** ~에 도착하다 cf) When did you get here?
- **ruin** 망치다, 파괴하다
- **blame** ~를 비난하다

05. You've got goose bumps.
너 닭살 돋았다.

#01 I know, I am freezing.
나도 알아. 추워서 얼어 죽겠어.

#02 Yeah, it's really cold in here. What's the temperature now?
응, 이 안 정말 춥다. 지금 온도가 몇 도야?

#03 Yeah, I get goose bumps when I'm scared.
응, 난 겁먹으면 닭살이 돋아.

06. Chill.
진정해.

#01 I won't. I am going to kick his butt.
진정 안 해. 저 자식 아주 혼쭐을 내줄 거야.

#02 All right. Just give me a second to relax.
알았어. 진정하게 시간 좀 줘.

#03 No, I can't. I am really angry now.
아니, 진정 못하겠어. 나 지금 정말 화났어.

어휘 / 표현정리

- **goose bumps** 닭살 · **freezing** 몹시 추운, 얼어붙는 · **be scared** 겁먹다
- **kick one's butt** ~를 패다, 혼내주다 · **Chill.(=Relax. / Calm down.)** 진정해.

Review!

다음 각 A와 B의 대화문 빈칸에 들어갈 적절한 표현을 넣어보세요.
잘 기억이 나지 않는다고요? 그럼 앞으로 돌아가서 다시 복습하세요!

1. A : I have to go. I have a date with Susan tonight.
    나 가봐야 해. 오늘 밤에 수잔이랑 데이트 있어.

    B : Okay. ____
    그래. 재미있게 보내.

2. A : Joey, ____
    조이, 내가 너 점심 사줄게.

    B : No, I will pay for you because you paid for me last time.
    아냐, 네가 지난번에도 샀으니까 내가 살게.

3. A : I don't understand why she gets angry all the time.
    걔는 왜 항상 화를 내는지 모르겠어.

    B : Well, _______________________ because it's your fault.
    음, 그걸로 그녀를 비난하면 안 돼. 그건 너 잘못이거든.

4. A : Oh my god, oh my god, oh my god.
    웬일이야, 웬일이야, 웬일이야.

    B : Hey, ____
    야, 진정해.

5. A : I am really sorry that I hit you yesterday. So, are we cool?
    어제 때린 거 진짜 미안해. 우리 괜찮은 거지?

    B : Yeah, we are ____
    그래, 우리 (사이) 괜찮아.

6. A : Oh, _______________________ You must be very cold.
    오, 너 닭살 돋았다. 많이 추운가보네.

    B : Yes, I am. Is the heater on?
    응, 추워. 히터 켜져 있는 거야?

01 Are you being sarcastic?
비꼬는 건가요?

No, I am not being sarcastic.
아니요, 비꼬는 거 아니에요.

No, of course not. I am being serious.
물론 아니죠. 전 진지합니다.

It's so hard to tell, isn't it?
(비꼬는 건지 아닌지) 말하기 어렵죠, 그렇지 않나요?

02 It's a long story.
말하자면 길어요.

Then, make it short.
그럼, 간단하게 말해봐.

Tell me. I've got all day.
말해줘. 나 오늘 널널해.

Then, let's just talk about it over dinner.
그럼, 저녁 먹으면서 그것에 관해 이야기 하자.

어휘 / 표현정리

- **sarcastic** 비꼬는, 빈정거리는
- **serious** 진지한
- **It's hard to + V** ~하는 것은(이) 어렵다
- **make something short** ~을 짧게 하다

36

03 Could you please repeat that?

다시 한 번 말해주실래요?

#01 I said, "Turn down the volume."
"볼륨 좀 줄여줘요"라고 말했어요.

#02 I'd be happy to. You are so sweet and gorgeous.
물론이죠. 당신은 너무 상냥하고 아름다워요.

#03 You are not paying attention, are you?
당신 집중 안하고 있군요, 그렇지 않나요?

04 I have a news for you.

너한테 들려줄 소식이 있어.

#01 What is it?
뭔데?

#02 Is it a good news or a bad news?
좋은 소식이니 나쁜 소식이니?

#03 I hope it's not bad.
나쁜 소식이 아니면 좋겠다.

어휘 / 표현정리

- **repeat** 반복하다
- **sweet** 달콤한, 상냥한
- **turn down** ~을 줄이다
- **pay attention** 집중하다

Season 1
Episode 06

05 You guys are all over each other.
너희 서로 홀딱 반했구나.

#01 No, we are not. We're just friends.
아니, 그렇지 않아. 우리는 그냥 친구야.

#02 That's not true. We hate each other.
그렇지 않아. 우리 서로 싫어해.

#03 You're right. We are in love with each other.
네 말이 맞아. 우리 서로 사랑에 빠졌어.

06 Who cares?
알게 뭐야? / 누가 신경이나 쓴데?

#01 I care!
내가 신경 쓰거든!

#02 Yea, I don't care, either.
그래, 나도 신경 안 써.

#03 I think everybody cares, except you.
내 생각에 널 제외하고 모두들 신경 쓰는 것 같은데.

어휘 / 표현정리

- **all over** 홀딱 반한
- **care** 걱정하다, 신경 쓰다
- **be in love with** ~와 사랑에 빠지다
- **except** ~을 제외하고

Review!

다음 각 A와 B의 대화문 빈칸에 들어갈 적절한 표현을 넣어보세요.
잘 기억이 나지 않는다고요? 그럼 앞으로 돌아가서 다시 복습하세요!

1. A : ____
       너한테 들려줄 소식이 있어.

    B : Don't tell me if it's a bad one.
       나쁜 거면 얘기하지 마.

2. A : I'm sorry. _______________________________
       죄송하지만, 다시 한 번 말해주실래요?

    B : Sure. Do you mind my opening the window?
       물론이죠. 창문 좀 열어도 괜찮겠어요?

3. A : Jack has dumped his girlfriend, Sarah.
       잭이 여자친구 사라를 차버렸어.

    B : _________________ I don't even know who Sarah is.
       알게 뭐야? 난 사라가 누군지도 모르는데.

4. A : Who was that girl in your room?
       네 방에 있던 그 여자애 누구야?

    B : Um, _________________ I will tell you later.
       음, 말하자면 길어. 나중에 말해줄게.

5. A : You look like Brad Pitt today.
       너 오늘 브레드 피트 같아 보인다.

    B : ____
       너 지금 비꼬는 거니?

6. A : ____
       너희 서로 홀딱 반했구나.

    B : Yeah, we really love each other.
       응, 우린 서로 정말 사랑해.

Episode 07

01 Brush up on your Spanish.
스페인어 연마해(복습해/공부해).

#01 Why should I? I don't even like Spanish.
내가 왜 그래야 하는데? 난 스페인어 좋아하지도 않는데.

#02 Maybe after watching "The Simpsons."
"심슨 가족" 본 후에 하지 뭐.

#03 Is my Spanish that bad?
내 스페인어 실력이 그렇게 형편없어?

02 I'm over her.
나 그녀를 잊었어.

#01 You're lying. You still love her.
너 거짓말하는 거야. 넌 아직도 그녀를 사랑하잖아.

#02 Really? Then, can I ask her out?
정말로? 그럼, 내가 걔 데이트 신청해도 될까?

#03 You don't need to lie to me. I know you still like her.
내게 거짓말할 필요 없어. 아직도 그녀를 좋아하는 것 알아.

어휘 / 표현정리

- **lie** 거짓말하다
- **brush up on** (공부를) 다시하다, 연마하다
- **be over someone** ~를 잊다
- **ask someone out** ~에게 데이트 신청하다

03 **I'm here to help.**
전 여기 도와주려고 왔어요.

#01 Help what? You can do nothing.
뭘 도와주겠다는 건데? 넌 아무것도 할 수 없잖아.

#02 You know what? Actions speak louder than words.
그거 알아? 말보다는 행동을 보여줘야지.

#03 Oh, that's so kind of you.
오, 정말 친절하시군요.

04 **She's playing me hot and cold.**
그녀는 날 안달 나게 하려는 거야.

#01 So, you think she likes you?
그럼, 넌 그녀가 널 좋아한다고 생각하는 거야?

#02 Why would she do that?
왜 그녀가 그런 짓을 하는데?

#03 I don't think so. She's just ignoring you.
난 그렇게 생각 안 해. 그녀는 그냥 널 무시하는 거야.

어휘 / 표현정리

- **I'm here to + V** ~하기 위해서 왔다
- **ignore** ~을 무시하다
- **That's so kind of you.(=That's so nice of you.)** 정말 친절하시군요.
- **play hot and cold** 잘해 주기도 하고 차갑게 대하기도 하다

05 Our chemistry is undeniable.
우리가 통한다는 건 부정할 수 없어.

#01 What? I think it's time for you to take a pill.
뭐라고? 너 약 먹을 시간된 것 같다.

#02 Yeah, you wish.
그래, 넌 그러길 바라겠지.

#03 If so, why can't I feel it?
만약 그렇다면, 왜 난 그걸 못 느끼는 거지?

06 You're so mean.
너 정말 못됐구나. / 너 진짜 비열해.

#01 Don't get me wrong. I was just telling you the truth.
날 오해하지 마. 난 그저 네게 진실을 이야기했을 뿐이야.

#02 You know what? I am mean, but you're meaner.
그거 알아? 난 못됐지만, 넌 더 못됐어.

#03 Thanks for reminding me. Then, beat it.
상기시켜줘서 고마워. 그럼, 꺼지라고!

어휘 / 표현정리

- **get someone wrong** ~를 오해하다
- **undeniable** 부인할 수 없는, 거부할 수 없는
- **chemistry** 필이 통함, 공통점
- **thanks for + V-ing** ~해줘서 고마워
- **mean** 못된, 비열한(비교급은 meaner)
- **remind** 상기시켜주다

Review!

다음 각 A와 B의 대화문 빈칸에 들어갈 적절한 표현을 넣어보세요.
잘 기억이 나지 않는다고요? 그럼 앞으로 돌아가서 다시 복습하세요!

1. A : ________________________ You have a test tomorrow.
   스페인어 공부 좀 더해. 너 내일 시험 있잖아.

   B : I know, I know.
   알아, 알아.

2. A : Hi, Jason. ________________________
   안녕, 제이슨. 내가 여기 도우러 왔어.

   B : Oh, thanks. Can you wipe the floor clean?
   오, 고마워. 바닥 좀 깨끗하게 닦아줄래?

3. A : Miranda. Admit it. ________________________
   미란다. 인정해. 우리가 통한다는 건 부정할 수 없어.

   B : I'm sorry, but I really don't have any feelings for you.
   미안하지만, 난 너한테 아무 감정 없거든.

4. A : ________________________ Stop bullying your friends.
   너 진짜 못됐다. 친구들 좀 그만 괴롭혀.

   B : What are you, my mom?
   네가 뭐, 우리 엄마라도 돼?

5. A : I heard you broke up with Marissa. I'm sorry.
   마리사랑 헤어졌다면서요. 유감이에요.

   B : No, it's okay. ________________________
   아뇨, 괜찮아요. 나 그녀를 잊었어.

6. A : I think ________________________
   내 생각엔 그녀가 날 안달 나게 하려고 하는 거 같아.

   B : Yeah, she is definitely trying to get your attention.
   맞아, 그녀가 네 관심을 끌려고 하는 것 같아.

01 I don't get it.

난 이해가 안 가.

#01 That's because you are stupid.
그건 네가 멍청하기 때문이야.

#02 Do you want me to explain it to you again?
너에게 다시 설명해주기를 원하니?

#03 You will understand when you become a grown-up.
너도 성인이 되면 이해하게 될 거야.

02 Don't be nervous.

긴장하지 마.

#01 No, I'm not nervous.
아니, 나 긴장하지 않았어.

#02 My heart is thumping, you know.
있잖아, 심장이 마구마구 뛰고 있어.

#03 I am trying, but it's hard not to.
노력은 하고 있는데, 그러지 않기가 어렵네.

어휘 / 표현정리

- **grown-up** 성인 · **get** 이해하다, 알다 · **thump** (심장이) 마구마구 뛰다
- **nervous** 긴장한 · **stupid** 멍청한, 어리석은 · **you know** 있잖아요, 그러니까요

03 **Give me a shot.**
제게 기회를 주세요.

#01 It's too late. Please leave my office.
너무 늦었네. 그만 내 사무실을 떠나주게.

#02 Okay. I will give you another shot.
그래. 네게 한 번 더 기회를 줄게.

#03 But you've already had your shot twice.
하지만 벌써 두 번이나 기회를 가졌었잖아요.

04 **How's it going?**
잘 지내? / 잘 돼가?

#01 Everything is all right.
다 괜찮아요.

#02 Good, thanks. How are you?
좋아, 고마워. 넌 잘 지내?

#03 Can't complain. How's your business going?
괜찮아요. 당신 사업은 잘 돼요?

어휘 / 표현정리

- **complain** 불평하다
- **give one a shot** ~에게 기회를 주다
- **leave** 떠나다

05. He's on a diet.
걔 다이어트 중이야.

#01 On a diet? But he's already quite slim.
다이어트 중이라고? 하지만 걔는 이미 꽤 날씬하잖아.

#02 Yeah, that guy really needs to lose some weight.
응, 걔는 정말 살을 좀 뺄 필요가 있어.

#03 So, is he working out or taking a diet pill?
그럼, 걔는 운동을 하는 거니 아니면 약을 먹는 거니?

06. Dibs on that guy.
저 남자는 내가 찜!

#01 No way. I called dibs on him first.
절대 안 돼. 내가 먼저 저 남자 찜했어.

#02 Then, dibs on the guy next to him.
그럼, 난 그 옆에 있는 남자 찜!

#03 Are you serious? He's not even your type.
너 진심이야? 쟤 네 스타일도 아니잖아.

어휘 / 표현정리

- **be on a diet** 다이어트를 하다
- **work out** 운동하다
- **next to** ~의 옆에
- **lose weight** 살 빠지다
- **dibs** 찜! cf) call dips on ~를 찜하다
- **take a pill** (알)약을 먹다

Review!

다음 각 A와 B의 대화문 빈칸에 들어갈 적절한 표현을 넣어보세요.
잘 기억이 나지 않는다고요? 그럼 앞으로 돌아가서 다시 복습하세요!

1. **A :** Hey, _______________________________
   안녕, 잘 지내?

   B : Not bad. How about yourself?
   나쁘진 않아. 넌 어때?

2. **A :** Jack skipped lunch today. _______________________
   잭은 오늘 점심 걸렀어. 걔 다이어트 중이래.

   B : Does he need to? I mean, I don't think he's overweight.
   걔가 그럴 필요가 있어? 걘 많이 나가는 것 같지도 않은데.

3. **A :** I am breaking up with her because I love her.
   난 그녀를 사랑하기 때문에 그녀랑 헤어질 거야.

   B : _______________________________________
   난 이해가 안 가.

4. **A :** _______________________ I will show you what I can do.
   기회를 한 번 더 주세요. 제가 할 수 있는걸 보여드릴게요.

   B : Just give me some time to think about it.
   생각할 시간을 좀 줘봐요.

5. **A :** Check out that guy. He's really hot.
   저 남자 좀 봐. 진짜 섹시한데.

   B : _______________________________________
   저 남자는 내가 찜!

6. **A :** _______________________ I'm sure you will do great.
   긴장하지 마. 넌 잘할 거야.

   B : Well, I just hope the test will be easy.
   그냥 시험이 쉽길 바라는 수밖에.

01 Your boyfriend cheated on you.
네 남친 너 몰래 바람을 핀 거야.

#01 No, he didn't. He and Jenny are just friends.
아니, 그렇지 않아. 그랑 제니는 그냥 친구야.

#02 I should have dumped him earlier.
난 그를 좀 더 일찍 차버렸어야 했어.

#03 I know. What a jackass.
나도 알아. 망할 자식 같으니라고.

02 We're doomed.
우린 끝났어(망했어).

#01 No, we're not. We'll get another chance.
아니, 그렇지 않아. 우린 또 다른 기회를 얻을 거야.

#02 Stop being so pessimistic. Try to look on the bright side.
그만 좀 비관해. 밝은 면을 보려고 노력해봐.

#03 Yeah, we both are dead meat.
그래, 우리 둘 다 죽은 목숨이야.

어휘 / 표현정리

- **cheat on** ~몰래 바람피우다
- **jackass** 멍청한 놈, 망할 놈
- **doomed** 운이 다한, 끝난
- **dump** ~를 차버리다.
- **be a dead meat** 죽은 목숨이다
- **pessimistic** 비관적인, 부정적인

03 Is this seat taken?
여기 자리 있나요?

#01 It is now.
이제 자리 없네요.(상대방에게 앉으라는 의미임)

#02 No, you can take a seat here.
아니요. 여기 앉으셔도 돼요.

#03 Sorry, I saved this seat for my boyfriend.
미안해요, 남자친구를 위해 맡아 놓은 자리에요.

04 Let's start over.
다시 시작하자.

#01 That's a great idea.
그거 좋은 생각이야.

#02 All right. Let's leave everything behind and start over.
좋았어. 모든 걸 다 버리고 다시 시작하자.

#03 Are you talking about moving to another city?
다른 도시로 이사 가자고 말하는 거예요?

어휘 / 표현정리

- **take a seat** 자리에 앉다
- **leave A behind** A를 뒤에 남겨두고 떠나다
- **start over** 다시 시작하다
- **move** 이사하다

05 Follow my lead.
나만 따라와.

#01 Okay, I will.
알았어, 그럴게.

#02 Can you at least tell us where we're going?
최소한 어디 가는 건지 우리에게 말해주면 안될까?

#03 All right. You're the boss.
그래요. 시키는 대로 할게요.

06 It has nothing to do with you.
그건 너완 전혀 상관없는 일이야.

#01 But I want to know what's going on.
하지만 난 무슨 일이 벌어지고 있는 건지 알고 싶단 말이야.

#02 I'm your wife. You're supposed to tell me everything.
난 당신 와이프에요. 당신은 네게 모든 걸 말해줘야 한다고요.

#03 Okay. So, you're not going to tell me. Fine!
알겠어요. 그래서 내게 말하지 않겠다는 거군요. 좋아요!

어휘 / 표현정리

- **A has nothing to do with B** A와 B는 전혀 상관이 없다
- **be supposed to** ~하기로 되어 있다
- **Fine!** (납득할 수 없는 일에 화를 내 듯 말할 경우) "마음대로 하세요" 정도의 의미가 있다.

Review!

다음 각 A와 B의 대화문 빈칸에 들어갈 적절한 표현을 넣어보세요.
잘 기억이 나지 않는다고요? 그럼 앞으로 돌아가서 다시 복습하세요!

1. A : Excuse me, ______________________________________
   실례합니다, 여기 자리 있나요?

   B : No, it's not. Take a seat.
   아뇨, 앉으세요.

2. A : The computer broke down, and I haven't saved the file.
   컴퓨터가 망가졌는데, 파일을 저장 안 해놨어.

   B : Really? Oh my god, ______________________________
   정말? 오, 이런, 우린 망했다.

3. A : I know the way out. ______________________________
   내가 나가는 길 알아. 나만 따라와.

   B : Okay. We will walk behind you.
   그래. 우린 너 뒤에서 걸을게.

4. A : ______________________________ You should dump him.
   네 남친 너 몰래 바람을 핀 거야. 그런 앤 차버려.

   B : But he said that he was sorry and he won't do it again.
   하지만, 걔가 미안하다고 다시는 안 그러겠다고 했어.

5. A : ______________________________ Let's move to New York.
   다시 시작하자. 뉴욕으로 이사 가는 거야.

   B : New York? I don't know. I've never thought about it.
   뉴욕? 모르겠어. 한 번도 생각해본 적 없어.

6. A : Look, ____
   야, 그건 너완 전혀 상관없는 일이야.

   B : Then, why are you still not talking to me?
   그럼, 왜 나랑 아직도 말 안하는 건데?

Episode 10

01 **Later!**
나중에 보자.

#01 Later!
나중에 보자.

#02 Okay. See you later.
그래. 나중에 보자.

#03 Take care.
몸조심해. / 잘 지내.

02 **Would you please fill me in?**
내게 (무슨 일인지) 말해줄래?

#01 Sorry, I can't. It's sort of confidential.
미안하지만 안 돼. 기밀사항 같은 거라서 말이지.

#02 You don't wanna know.
너 알고 싶지 않을 걸.

#03 Fill you in on what?
네게 뭘 말해달라는 건데?

어휘 / 표현정리

- sort of 일종의
- wanna(=want to) ～하기를 원하다
- fill someone in ～에게 말해주다, 알려주다
- Later! 미국 젊은이들이 서로 헤어질 때 see you를 생략한 채 간단하게 사용하는 작별인사

03 I will keep working on it.
계속 노력해 볼게요.

#01 That's the spirit.
그럼 그래야지. (=바로 그 정신이야.)

#02 Then, let me know when you're done.
그럼, 다 되면 알려주게.

#03 Do you think you can finish it by Monday?
월요일까지는 끝낼 수 있을 것 같나?

04 I'm home.
나 집에 왔어요.

#01 You're home early today.
오늘은 일찍 집에 왔군요.

#02 Go wash your hands. Dinner is almost ready.
가서 손 씻어요. 저녁 거의 다 됐어요.

#03 Welcome home, darling. How was your day?
어서 와요, 여보. 오늘 하루 어땠어요?

어휘 / 표현정리

- **keep + V-ing** 계속해서 ~을 하다
- **let someone know** (누군가에게) 알려주다
- **work on** ~을 계속 일하다
- **spirit** 정신, 영혼, 기백

05. **No offense.**
기분 나빠하지 마.

#01 Non taken at all. I totally understand.
전혀 기분 안 나빠. 나 완전 이해해.

#02 Offense taken. How can you say that to me?
기분 나쁘거든. 너 어떻게 내게 그렇게 말할 수 있니?

#03 You know what? I think you are trying to piss me off.
그거 알아? 난 네가 날 열 받게 하려는 거 같아.

06. **Are you making fun of me?**
너 지금 나 놀리는 거니?

#01 Of course not. Why should I do that?
당연히 아니지. 내가 왜 그렇겠어?

#02 No, not a bit.
아니요, 조금도 그렇지 않아요.

#03 No, I'm not making fun of you.
아니, 나 너 놀리는 거 아니야.

어휘 / 표현정리

- **offense** 위반, 기분 상함, 공격
- **piss someone off** ~를 열 받게 하다
- **totally** 완전히
- **make fun of** ~를 놀리다

# Review!

다음 각 A와 B의 대화문 빈칸에 들어갈 적절한 표현을 넣어보세요.
잘 기억이 나지 않는다고요? 그럼 앞으로 돌아가서 다시 복습하세요!

1. A : Hey, ____________________________ I was just joking.
   야, 기분 나빠하지 마. 그냥 농담한 거야.

   B : I know. No offense taken.
   알아. 기분 안 나빠.

2. A : ____________________________
   나중에 보자.

   B : Okay. I will see you around.
   그래. 나중에 보자.

3. A : You really need to finish that report by tomorrow.
   너 그 보고서 내일까지 정말 끝내야 해.

   B : Don't worry. ____________________________
   걱정 마. 계속 노력할게.

4. A : ____________________________
   너 지금 나 놀리는 거니?

   B : Not a bit. I am just telling you the truth.
   절대 아니야. 난 단지 진실을 말하는 거야.

5. A : Mom, ____________________________
   엄마, 나 집에 왔어요.

   B : You're home late. Where have you been?
   너 늦었구나. 어디 있었니?

6. A : ____________________________ on what he said?
   그가 뭐라고 했는지 내게 말해줄래?

   B : Sure. Why not?
   그래. 물론이지.

Episode 11

01 It's better that way.
그게 더 나아. / 그 상태가 더 나아.

#01 Why do you think so?
넌 왜 그렇게 생각하는데?

#02 Is it better that way for you or for everybody?
너한테만 그런 거니 아니면 모든 사람들한테도 그런 거니?

#03 Yeah, we don't need to waste our time changing it.
그래, 그걸 바꾸는데 시간을 낭비할 필요 없어.

02 I feel bad for you.
정말 안됐구나.

#01 I'm okay now. I am over Jack.
아니야, 나 이제 괜찮아. 나 잭을 잊었어.

#02 Why? Who doesn't have financial problems these days?
왜? 요즘 경제적 어려움이 없는 사람이 누가 있니?

#03 Don't worry. I'll be back on my feet in no time.
걱정하지 마. 나 금방 다시 일어설 거야.

어휘 / 표현정리

- **waste time + V-ing** ~하느라 시간을 낭비하다
- **feel bad** 안됐다, 마음이 좋지 않다
- **back on one's feet** 회복하다, 일어서다
- **financial** 재정적인
- **in no time** 즉시

03 I'm gonna take off.
나 그만 가볼게요.

#01 Where are you going?
어디 가는 건데요?

#02 Can you stay a bit longer?
조금 더 있으면 안돼요?

#03 Oh, let me give you a ride.
오, 내가 태워다 줄께.

04 I'm coming with you.
나도 너랑 같이 갈게.

#01 No, you are not. I will go alone.
아니, 너 나랑 같이 안 가. 나 혼자 갈 거야.

#02 What? You don't even know where I'm going.
뭐라고? 너 내가 어디 가는지도 모르잖아.

#03 Okay. Grab a jacket. It's cold outside.
그래, 재킷 가져 와. 밖이 춥다.

어휘 / 표현정리

- **take off** 출발하다, 떠나다
- **give someone a ride** ~를 태워다 주다
- **grab** 움켜쥐다, 잡아채다
- **a bit** 아주 약간

05 **We should talk.**
우리 얘기 좀 하자.

#01 Talk about what?
무슨 얘기를 하자는 거죠?

#02 Okay. Let's go to the backyard.
그래. 뒤뜰로 가자.

#03 Oh, you're scaring me. What is it about?
오, 겁나는데. 무슨 일로 그러는데?

06 **I can't help it.**
나도 어쩔 수가 없어.

#01 But you should try harder. Don't you think?
하지만 더 노력해야지. 그렇게 생각하지 않니?

#02 Yeah, it's hard to kick old habits.
그래, 오래된 습관을 버리는 게 쉽지가 않지.

#03 But you must forget her. She's married.
하지만 너 그녀를 잊어야만 해. 그녀는 결혼했잖아.

어휘 / 표현정리

- **backyard** 뒤뜰, 뒷마당
- **kick the habit** 습관을 버리다
- **scare someone** ~를 겁주다
- **be married** 결혼하다

Review!

다음 각 A와 B의 대화문 빈칸에 들어갈 적절한 표현을 넣어보세요.
잘 기억이 나지 않는다고요? 그럼 앞으로 돌아가서 다시 복습하세요!

1. A : Max! Do you have a second? ___________________________
       맥스! 너 잠깐 시간 있어? 우리 얘기 좀 하자.

    B : Okay. Do you want to talk here or in my room?
       그래. 여기서 얘기할래, 아님 내 방으로 갈래?

2. A : They must not see each other. ___________________________
       그들은 서로 만나지 말아야해. 그게 더 나아.

    B : Maybe you're right.
       그래 네 말이 맞을 수도 있다.

3. A : Hey, listen. ___________________________ It's already 11:30.
       야, 있잖아, 나 그만 갈게. 벌써 11시 반이야.

    B : Okay. Do you need a ride?
       그래. 태워다줄까?

4. A : I heard something in the backyard. I should go and check.
       마당에서 무슨 소리가 나는 걸 들었어. 가서 확인해봐야겠어.

    B : Wait. ___________________________
       기다려. 같이 가.

5. A : I can't get her out of my head. ___________________________
       걔 생각을 지울 수가 없어. 나도 어쩔 수가 없어.

    B : Oh, boy. You are so in love with her.
       오, 이런. 너 진짜 사랑에 빠졌구나.

6. A : You lost your dog? Oh, ___________________________
       개를 잃어버렸어요? 오, 정말 안됐어요.

    B : I have to find him. Can you help me?
       그를 꼭 찾아야 해요. 나 좀 도와줄 수 있어요?

Episode 12

01 She's got a great smile on her face.
그녀는 웃는 게 정말 예뻐.

#01 But I think she's pretty only when she smiles.
하지만 나는 걔가 웃을 때만 예쁜 것 같아.

#02 Yeah, she's really cute, isn't she?
응, 그 여자 정말 귀여워, 그렇지 않니?

#03 Yeah, her smile melts my heart.
응, 그녀의 웃음은 내 가슴을 녹인다니까.

02 I'm not getting involved.
난 끼지 않을 거야.

#01 What? You cannot puss out like this.
뭐라고? 너 이런 식으로 빠지면 안 되지.

#02 You know what? I think you are a chicken.
그거 알아? 난 네가 겁쟁이라고 생각해.

#03 Whatever.
그러시던지.

어휘 / 표현정리

- **melt** 녹이다
- **puss out** 발을 빼다
- **get involved** 휘말리다, 말려들다
- **chicken** 겁쟁이

03 **I was hoping I'd bump into you.**

너랑 마주쳤으면 했어.

#01 Me, too. Let's go somewhere else and have a talk.

나도 그랬어. 다른데 가서 이야기하자.

#02 You were? What about?

그랬니? 무슨 일로?

#03 Really? Why is that?

정말? 왜 그런데?

04 **Check it out.**

이것 좀 봐.

#01 Is that your car? It's awesome!

그거 네 차니? 끝내주는데!

#02 Wow, you fixed it! You're a genius!

와우, 너 그거 고쳤구나! 넌 천재야!

#03 New i-pod touch! When did you buy it?

새 i-pod touch잖아! 언제 산 거니?

어휘 / 표현정리

- **bump into someone** ~와 우연히 마주치다
- **awesome** 멋진, 끝내주는
- **fix** 고치다, 수리하다
- **genius** 천재

05 I won't say a word.
절대로 말하지 않을게.

#01 Can I trust you?
널 믿어도 될까?

#02 Can I have your word?
당신 말을 믿어도 되죠?

#03 You'd better not. If you tell anybody, I'll kill you.
말하지 않는 게 좋아. 만약 말하면, 죽여 버릴 거야.

06 Cut it out.
그만 좀 해.

#01 Sorry. We will stop making fun of you.
미안해. 널 그만 놀릴게.

#02 Why? Don't you think it is fun?
왜? 이거 재미있다고 생각하지 않아?

#03 But Jack started it first, mom.
하지만 잭이 먼저 시작했다고요, 엄마.

어휘 / 표현정리

- **trust** 신뢰하다
- **have one's word** ~의 말을 믿다
- **had better not** ~하지 않는 것이 좋다

Review!

다음 각 A와 B의 대화문 빈칸에 들어갈 적절한 표현을 넣어보세요.
잘 기억이 나지 않는다고요? 그럼 앞으로 돌아가서 다시 복습하세요!

1. A : ____________________ You're giving me a headache.
    그만 좀 해. 너 때문에 머리 아프다.

    B : Sorry, I will stop now.
    미안, 이제 그만 할게.

2. A : Isn't that Julie over there? Oh, ____________________
    저기 있는 애 줄리 아냐? 오, 쟤 웃는 거 정말 예쁘다.

    B : Wait a minute. Are you into her?
    잠깐. 너 걔한테 반했어?

3. A : Hey, Jack. ____________________
    야, 잭. 안 그래도 너랑 마주쳤으면 했어.

    B : Really? What's it about?
    그래? 뭐 때문에?

4. A : ____________________ because I'm not interested.
    난 끼지 않을 거야. 난 관심 없거든.

    B : You're lying. It's because you're afraid.
    거짓말하지 마. 너 겁나서 그러는 거잖아.

5. A : You can't tell anyone. Not even your boyfriend.
    너 아무한테도 말하면 안 돼. 너 남친한테도.

    B : Trust me. ____________________
    날 믿어. 절대로 말하지 않을게.

6. A : Susan. ____________________ Isn't it beautiful?
    수잔, 이것 좀 봐. 예쁘지 않아?

    B : Oh, my god. Where did you get that ring?
    오, 정말. 너 그 반지 어디서 났어?

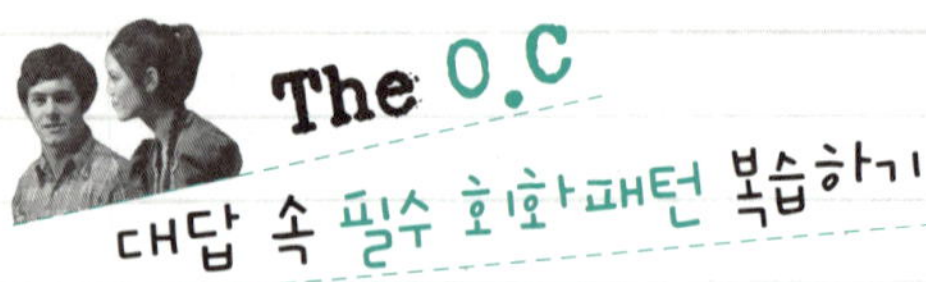

01 **You look** + 형용사 : 너 ~ 해 보인다

You look **great.**　너 멋져 보인다.
You look **sad.**　너 슬퍼 보인다.

Speak Yourself!　너 창백해 보여. (pale)

02 **I will just** + 동사 : 나 그냥 ~할 게.

I will just **walk.**　나 그냥 걸을게.
I will just **sleep.**　나 그냥 잘게.

Speak Yourself!　나 그냥 갈 게. (leave)

03 **Thanks fo** + 동사 ing : ~ 해 줘서 고마워요.

Thanks for **giving me a ride.**　태워다줘서 고마워요.
Thanks for **helping me.**　날 도와줘서 고마워요.

Speak Yourself!　내게 전화해줘서 고마워요. (call me)

　Answer　1. You look pale. 2. I will just leave. 3. Thanks for calling me.

04 **Are you going to** + 동사 : 너 ~ 할 거니?

Are you going to **come to the party?**　너 파티에 올 거니?
Are you going to **sing this song?**　너 이 노래 부를 거니?

Speak Yourself!　너 오늘밤 내게 전화할 거니? (call me tonight)

05 **Don't** + 동사 : ~ 하지 마.

Don't **worry.**　걱정하지 마.
Don't **give up.**　포기하지 마.

Speak Yourself!　지금 가지 마. (go now)

06 **Can I** + 동사 : 저 ~ 해도 돼요?

Can I **hang out with you?**　너희들 하고 놀아도 될까?
Can I **go home now?**　지금 집에 가도 돼요?

Speak Yourself!　저 그녀랑 데이트 해도 돼요? (go out with her)

4. Are you going to call me tonight? 5. Don't go now. 6. Can I got out with her?

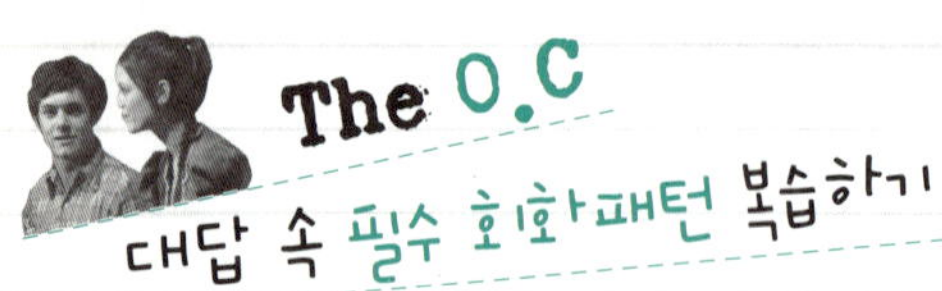

대답 속 필수 회화패턴 복습하기

07 Let's + 동사 : ~하자.

Let's move on.　　　다음으로 넘어가자.
Let's listen to her.　그녀 말을 듣자.

Speak Yourself!　　과거는 묻자. (bury the past)

08 Let me + 동사 : 제가 ~ 할게요.(=제가 ~하도록 해주세요.)

Let me buy you lunch　제가 당신께 점심 살게요.
Let me finish this first.　이거 먼저 끝내도록 할게요.

Speak Yourself!　　이번에는 내가 쏠게요. (treat you this time)

09 You don't need to + 동사 : 넌 ~ 할 필요 없어.

You don't need to lie to me.　넌 내게 거짓말할 필요 없어.
You don't need to help me.　넌 날 도울 필요 없어.

Speak Yourself!　　너 이럴 필요 없어. (do this)

Answer　7. Let's bury the past.　8. Let me treat you this time.　9. You don't need to do this.

10 I'm here to + 동사 : 저 ~하려고 여기 왔어요.

I'm here to **help.** 저 여기 도와주려고 왔어요.
I'm here to **see Mr. Kim.** 미스터 김을 보려고 여기 왔어요.

Speak Yourself! 너에게 뭔가를 말해주려고 여기 왔어. (tell you something)

11 It's time for you to + 동사 : 네가 ~할 시간이야.

It's time for you to **take a pill.** 네가 약 먹을 시간이야.
It's time for you to **study English.** 네가 영어 공부할 시간이야.

Speak Yourself! 너 잠자리에 들 시간이야. (go to bed)

12 That's because 주어 + 동사 : 그건 ~이기 때문이야.

That's because **you're stupid.** 그건 네가 멍청하기 때문이야.
That's because **I hate you.** 그건 내가 널 싫어하기 때문이야.

Speak Yourself! 그건 내가 돈이 없기 때문이야. (I don't have money)

GOSSIP GIRL은 이런 미드다!

요즘 전 세계 젊은이들에게 가장 인기 있는 미드를 하나 꼽으라면 그 누구도 주저 없이 Gossip Girl이라고 말할 겁니다. 이제 Season 2까지 방영된 본 미드는, 예쁘고 잘생긴 주인공들과 그들의 멋진 패션 덕분에 미국과 우리나라뿐 아니라, 전 세계 여러 나라 젊은이들 사이에서 큰 관심을 받고 있는 최고의 트렌디 미드라고 할 수 있습니다. Gossip Girl은 우리나라 사람들에게 동경의 도시인 New York을 배경으로 하며, New York에서도 상류층들만 모여 산다는 Upper East Side의 부잣집 고등학생들의 눈이 휘둥그레질 정도의 화려한 삶을 보여주는 미드입니다.

상류층 자제는 아니지만 교육열이 높은 부모님의 영향으로 New York 상류층 자제들의 사립학교에 다니는 Dan과 상류층의 삶에 끼고 싶어 안달이 난 그의 여동생 Jenny. 패션모델같이 예쁜 Serena와 그녀의 친구들인 Blair, Nate, Chuck 등, 하나 같이 개성이 뚜렷하고 화려한 주인공들이 벌이는 New York 상류층의 삶은 시청자들의 시각적 쾌감을 100% 충족시켜 주지요. 거기다 드라마의 배경으로 깔리는 음악까지 세련되고 훌륭해서 그야말로 보는 재미와 더불어 듣는 재미까지 최고인 드라마라고 할 수 있습니다.

드라마 Gossip Girl과 관련한 더 많은 내용들을 알고 싶으면 다음 사이트들을 방문해 보세요. 공식 홈페이지에서부터 팬들이 만든 팬 사이트까지 Gossip Girl 에 관한 다양한 사진 및 영상 자료들이 있으니 심심할 때 한 번씩 방문해서 살펴보는 것도 여러분의 영어 공부에 도움이 될 겁니다.

- www.cwtv.com/shows/gossip-girl
- gossipgirlfan.org
- www.gossipgirlinsider.com
- www.itv.com/gossipgirl
- gossipgirlonline.net

Gossip Girl의
등장인물

댄 Dan

넉넉지 못한 가정환경이지만 공부를 잘하고, 열성적인 부모의 교육열 덕에 뉴욕에서 가장 부잣집 아이들만 다니는 사립학교의 고등학생이다. 최고의 얼짱녀라고 할 수 있는 Serena를 어릴 적부터 짝사랑해 왔고 결국에는 그의 남자친구가 된다. 부자들의 사치스런 생활방식에 혐오감을 느끼는 모범 청년이다.

제니 Jenny

Dan의 여동생으로 상류층의 삶에 끼고 싶은 욕망으로 가득 찬 소녀다. 학교에서 Serena 다음으로 잘 나가는 Blair의 소위 말해 꼬봉 역할을 하며 부잣집 잘 나가는 아이들의 삶 속으로 조금씩 발을 내딛는 다소 이기적이며 야망이 넘치는 캐릭터다.

세레나 Serena

부잣집 따님으로 얼굴도 예쁘고 몸매도 날씬해 학교에서 "itgirl(최고퀸카)"로 불린다. 자신의 환경과는 달리 의외로 털털한 성격을 가진 훈녀 중의 훈녀라고 할 수 있다. 과거 실수로 자신의 제일 친한 친구인 Blair의 남친 Nate와 하룻밤을 보낸 후 그 죄책감에 뉴욕을 떠나 있다가 다시 뉴욕으로 돌아오면서 Gossip Girl의 이야기가 시작된다.

블레어 Blair

Serena의 베스트 프렌드로 패션디자이너인 엄마를 두고 있다. 화려한 외모와는 달리 남자친구인 Nate 하나만 바라보며 살아 온 의외의 순정파 소녀다. 후에 Serena가 자신의 남친과 하룻밤을 보낸 것을 알고 Serena의 가장 큰 적이 되기도 한다.

네이트 Nate

Blair의 남자친구로 쉬크하게 생긴 외모를 가진 전형적인 킹카다. Blair와 사귀지만 예전부터 Serena를 흠모하고 있었고, 그녀와 하룻밤을 보내게 된 후, Blair에 대한 죄책감과 Serena에 대한 그리움으로 고민한다. 부잣집 아들이라 부모가 정해준 틀에서 살지만, 이를 벗어나고 싶은 욕구가 강한 자유로운 영혼의 청년이다.

척 Chuck

뉴욕에서 가장 부자인 아버지를 둔 건방지고 여자만 밝히는 전형적인 속물 캐릭터다. 물론 나중에 감춰진 그의 내면의 상처가 밝혀지고, Blair와 사랑에 빠지게 되면서 순애보적인 모습을 보여주기도 한다.

Episode 01

01 You made it.

해냈구나. / 제대로 찾아왔구나.

#01 Yeah, I did. It's good to see you again.
응, 잘 찾아왔어. 다시 보니까 정말 좋다.

#02 Yeah, but it almost took me 7 hours.
응, 하지만 거의 7시간이나 걸렸어.

#03 Yeah, I worked really hard to pull this off.
응, 이거 해내려고 정말 열심히 일했어.

02 I'm starving.

배고파 죽겠어요.

#01 Me, too. Let's go out and eat something.
나도 그래. 나가서 뭐 좀 먹자.

#02 Already? Come on, you must lose some weight.
벌써? 왜 그래, 너 살 좀 빼야 돼.

#03 I will cook for you. What do you feel like having?
내가 요리해줄게. 뭐 먹고 싶니?

어휘 / 표현정리

- **pull something off** ~을 해내다
- **feel like + V-ing** ~을 하고 싶다
- **take someone ( ) hours** ~에게 ( ) 시간이 걸리다
- **lose weight** 살을 빼다
- **starve** 배고프다

03 I just wanted to come by and say hi.

그냥 인사나 하려고 들렸어.

#01 Come on in. Let's have a talk inside.

들어와. 들어가서 얘기나 나누자.

#02 Good to see you. Do you wanna come.

너 보니까 좋다. 안에 들어올래?

#03 That's sweet. Why don't you come in and have a cup of coffee?

오, 고마워라. 들어와서 커피 한 잔하는 게 어때요?

04 I gotta get going.

나 가봐야 할 것 같아.

#01 Why so early? Do you have another appointment?

이렇게 일찍? 다른 약속 있니?

#02 All right. Hit me on the cell later.

그래. 나중에 내 핸드폰으로 전화해.

#03 Can you stay a little bit longer?

조금 더 있으면 안 돼?

어휘 / 표현정리

- **have a talk** 이야기를 나누다
- **That's sweet.** 고마워라. 상냥해라.
- **hit someone on the cell** ~의 핸드폰으로 전화하다
- **wanna(=want to)** ~하고 싶다
- **gotta(=got to)** ~해야만 한다

Episode 01

05 That's not what I mean.
내가 하려는 말은 그게 아냐.

#01 Then, what is it that you're trying to say?
그럼, 네가 하려는 말이 뭔데?

#02 Really? Then, tell me what you're trying to say.
정말? 그러면 하고자 하는 말을 내게 말해봐.

#03 Zip it! I don't wanna hear another word from you.
입 다물어. 너한테서 한 마디도 더 듣고 싶지 않아.

06 I'm gonna do a lap.
난 한 바퀴 돌게(뛸게).

#01 I'll go with you.
나도 너랑 같이 갈게.

#02 Okay. Call me when you find her.
알았어. 그녀를 찾으면 내게 전화 줘.

#03 Then, I will time you.
그러면, 내가 너 시간 재줄게.

어휘 / 표현정리

- **what I mean** 내가 뜻하는 것, 내가 말하는 것
- **wanna(=want to)** ~를 원하다 • **Zip it.** 조용히 해. 닥쳐.
- **time** (경주 등의) 시간을 재다 • **do a lap** 한 바퀴 돌다, 한 바퀴 뛰다

Review!

다음 각 A와 B의 대화문 빈칸에 들어갈 적절한 표현을 넣어보세요.
잘 기억이 나지 않는다고요? 그럼 앞으로 돌아가서 다시 복습하세요!

1. A : _______________________________ Welcome to New York.

   제대로 왔구나. 뉴욕에 온 걸 환영해.

   B : Thanks. It was such a long flight.

   고마워. 정말 긴 비행이었어.

2. A : _______________________________ It's too late.

   나 가봐야 할 것 같아. 너무 늦었어.

   B : Really? What time is it now?

   정말? 지금 몇 신데?

3. A : Hi, Carol. _______________________________

   안녕, 캐롤. 그냥 인사나 하려고 들렸어.

   B : Oh, hi, Jane. Why don't you come in?

   오, 안녕, 제인. 들어오지 그래?

4. A : Mom, _______________________________

   엄마, 배고파 죽겠어요.

   B : Just wait for a few minutes. Dinner is almost ready.

   조금만 기다려. 저녁이 거의 다 됐어.

5. A : I can't find her. Where is she?

   그녀를 찾을 수가 없어. 그녀는 어디에 있는 거야?

   B : Hey, _______________________________ You wait here, okay?

   야, 난 한 바퀴 돌고 올게. 넌 여기서 기다려, 알았지?

6. A : Are you accusing me of lying?

   너 지금 내가 거짓말한다는 거니?

   B : No, _______________________________

   아니, 내가 하려는 말은 그게 아냐.

Episode 02

01 This is me.

여기가 우리 집이야.

#01 Okay. Good night. I will see you tomorrow.

그래. 잘 자. 내일 보자.

#02 So this is your house? Can I come in for a coffee?

여기가 너희 집이구나? 들어가서 커피 한잔 마셔도 돼?

#03 All right. It was nice walking you home. See you tomorrow.

알았어. 널 바래다줘서 즐거웠어. 내일 보자.

02 I blew it.

내가 망쳐 버렸어.

#01 Don't blame yourself. Everybody makes a mistake once in a while.

네 자신을 자책하지 마. 모두들 가끔씩 실수를 한다고.

#02 Yeah, you totally failed it.

응, 너 완전히 실패했어.

#03 Cheer up. It's not the end of the world.

기운 내. 세상이 끝나버린 것도 아니잖아.

어휘 / 표현정리

- **This is me.** 누구와 함께 걷거나 차를 타고 오다가 자신이 내릴 장소(집)가 보일 때 외치는 말.　　• **walk someone home** ~를 집에 걸어서 바래다주다
- **blow it** 실수하다　　• **once in a while** 이따금, 때때로

03 Keep it down.
조용히 좀 해.

#01 All right. We will try to keep it down.
알았어. 조용히 해보도록 노력할게.

#02 Say "please". Then I will think about it.
"제발요"라고 말해봐. 그럼 생각해 볼게.

#03 Hey, it's break time. Why should I keep it down?
야, 쉬는 시간이잖아. 왜 내가 조용히 해야 하는데?

04 You got to be kidding.
농담이지? / 지금 장난쳐?

#01 I am afraid not.
유감스럽지만 농담이 아니에요.

#02 You know what? I never kid.
그거 알아? 난 절대 농담 안 해.

#03 I know it's hard to believe, but it's the truth.
믿기 어려운건 알지만, 그게 사실이야.

어휘 / 표현정리

- **break time** 휴식시간
- **keep it down** 조용히 하다
- **kid** 농담하다, 조롱하다
- **It's hard to + V** ~하는 것은 어렵다

05 He's a jerk.
개는 형편없는 놈이야.

#01 I'm glad that you finally realized that.
네가 마침내 깨달았다니 기쁘다.

#02 You're right. He's full of himself.
네 말이 맞아. 걘 자기가 엄청 잘난 줄 알아.

#03 No, he's a really good guy.
아니야, 걔는 정말 좋은 녀석이야.

06 It's all for the best.
오히려 잘된 일이야.

#01 Yeah, you were too good for her.
그래, 그녀에게 넌 과분했어.

#02 For the best? I really don't think so.
잘된 일이라고? 난 정말 그렇게 생각 안 해.

#03 You're right. Anyway, their business wasn't going well.
네 말이 맞아. 어쨌든, 그들의 사업은 잘 안 되고 있었잖아.

어휘 / 표현정리

- **jerk** 얼간이, 멍청이
- **full of oneself** 자만한, 거만한
- **too good for B** B에게는 과분한
- **go well** (사업 등이) 잘 되어간다
- **guy** 사내, 친구(복수인 guys는 남자, 여자 모두를 가리켜 사용할 수 있음)

Review!

다음 각 A와 B의 대화문 빈칸에 들어갈 적절한 표현을 넣어보세요.
잘 기억이 나지 않는다고요? 그럼 앞으로 돌아가서 다시 복습하세요!

1. A : Jane broke up with her boyfriend.
      제인이 남친이랑 헤어졌대.

   B : Well, I think ____
      내 생각엔 오히려 잘된 일인 것 같아.

2. A : ____
      여기가 우리 집이예요.

   B : All right. Good night. I'll see you tomorrow.
      그래요. 잘 자요. 내일 봐요.

3. A : Jason. ____
      제이슨. 조용히 좀 해.

   B : Oh, I'm sorry. I forgot I was in the library.
      오, 미안. 도서관에 있다는 걸 깜빡했다.

4. A : Do you know the guy named Tim? ________________
      너 팀이라는 남자 애 알아? 걔 형편없는 놈이야.

   B : Why? What did he do to you?
      왜? 걔가 뭘 잘못했는데?

5. A : I won the lottery!
      나 복권에 당첨됐어!

   B : ________________________________ Is it for real?
      너 지금 농담하는 거지? 진짜야?

6. A : How did the math test go?
      수학시험 어떻게 됐어?

   B : ________________________ My mom's gonna kill me.
      망쳤어. 난 엄마한테 죽었어.

01 Damn it!
이런 젠장!

#01 Hey, what's wrong?
야, 무슨 일이야?

#02 You're bleeding, you cut your chin.
너 피난다, 턱을 베었구나.

#03 Hey, you just broke my plate.
야, 너 지금 내 접시 깨트렸잖아.

02 Break it up!
떨어져! / 싸우지 마!

#01 He started it first.
쟤가 먼저 시작했어요.

#02 Hey, we're not fighting. We're just playing.
이봐요, 우리 싸우는 거 아니에요. 그냥 장난치는 거예요.

#03 This is not over! I'm going to kill you.
아직 안 끝났어! 너 죽여 버릴 거야.

어휘 / 표현정리

- **bleed** 피를 흘리다
- **cut** 베다
- **play** 놀다, 장난치다
- **break it up** 싸움을 뜯어말릴 때 사용되는 표현

03 I'm second in our class.

난 우리 반에서 2등이야.

#01 What, are you bragging?

뭐야, 너 자랑하는 거야?

#02 I thought you were first in your class.

난 네가 반에서 1등이라고 생각했었는데.

#03 Impressive. I guess you studied really hard.

놀랍구나. 넌 굉장히 열심히 공부했나 보구나.

04 No hard feelings, huh?

나쁜 감정은 없는 거지?

#01 Why should there be?

나쁜 감정이 있을 이유가 있나?

#02 No hard feelings. Business is business.

나쁜 감정 없어. 사업은 사업일 뿐이지.

#03 I don't know. I need some more time.

잘 모르겠어. 좀 더 시간이 필요해.

어휘 / 표현정리

- **brag** 자랑하다
- **hard feelings** 적의, 악감정
- **impressive** 인상적인, 놀라운
- **Huh?** 우리말의 "응?"에 해당함

05 I'll keep you posted.
계속 알려줄게요.

#01 Thanks. You know my phone number, right?
고마워. 너 네 전화번호 알지, 그렇지?

#02 All right. Call me if something new comes up.
알겠네. 뭔가 새로운 것이 나타나면 전화하게.

#03 Good. I will be in my office.
좋아. 나는 내 사무실에 있겠네.

06 You're supposed to be my best friend.
넌 내 베프잖아. / 내편이어야 하는 거잖아.

#01 Of course, I am your best friend.
당연히 내가 네 베프지.

#02 If I am your best friend, why do you keep lying to me?
내가 네 베프라면, 왜 넌 계속 거짓말을 하는 거니?

#03 Yeah, I'm sorry. I wasn't good to you lately.
그래, 미안해. 내가 요즘 너에게 잘하지 못했네.

어휘 / 표현정리

- **come up** 떠오르다
- **keep someone posted** ~에게 최신정보를 전하다
- **be supposed to** ~하기로(이기로) 되어 있다
- **lately** 최근에

Review!

다음 각 A와 B의 대화문 빈칸에 들어갈 적절한 표현을 넣어보세요.
잘 기억이 나지 않는다고요? 그럼 앞으로 돌아가서 다시 복습하세요!

1. A : There's a fight!
   싸움 났어요.

   B : Oh, shit. Guys! _________________ No fights at school.
   오, 이런. 얘들아, 떨어져! 학교에선 싸우면 안 돼.

2. A : I can't believe this. _________________
   믿을 수가 없다. 넌 내편이어야 하는 거잖아.

   B : I'm sorry, but it was your fault. You should apologize to him.
   미안해. 하지만 그건 네 잘못이었어. 네가 걔한테 사과해야 해.

3. A : _________________ I lost my wallet.
   젠장. 지갑 잃어버렸어.

   B : Maybe you left it at the restaurant. Let's go back.
   레스토랑에 놓고 온 걸 수도 있잖아. 돌아가 보자.

4. A : I'm sorry for what I said to you. _________________
   내가 했던 말 사과할게. 나쁜 감정 없는 거다, 응?

   B : Yeah, I have no hard feelings against you.
   알았어. 너한테 악감정 없어.

5. A : Let me know how your work goes.
   일이 어떻게 진행되는지 알려줘.

   B : Sure. _________________
   그럼요. 계속 알려드릴게요.

6. A : I heard you're first in your class.
   너 반에서 일등 했다고 들었어.

   B : No, actually, _________________ Jack is first.
   아냐, 실은 우리 반에서 2등이야. 잭이 1등이고.

01 **You're up.**
너 일어났구나.

#01 Yeah, I'm up. What time is it now?
응, 일어났어. 지금 몇 시지?

#02 Yeah, but I'm still so tired.
응, 그런데 아직도 너무 피곤하네.

#03 Hi, you were waiting for me? Did we have plans?
안녕, 날 기다리고 있던 거야? 우리 뭐 계획이 있었나?

02 **You do have such great personal style.**
넌 정말 훌륭한 너만의 스타일을 가지고 있어.

#01 You really think so? Thank you very much.
정말 그렇게 생각하세요? 정말 고마워요.

#02 Oh, you're flattering me.
오, 칭찬이 너무 과하세요. (= 절 비행기 태우시네요.)

#03 Thanks. I really appreciate your compliment.
고마워요. 칭찬 정말 감사합니다.

어휘 / 표현정리

- **be up** (잠자리에서) 일어나다
- **flatter** 아첨하다, 치켜세우다
- **appreciate** 고맙게 여기다
- **compliment** 칭찬

03 Are you high?
너 약했냐? / 너 취했냐?

#01 No, I am not. I just feel dizzy. That's all.
아니. 그냥 좀 현기증이 나네. 그게 다야.

#02 Of course not. I don't do dope.
물론, 아니지. 난 마약 안 해.

#03 What are you talking about? I don't even touch alcohol.
뭔 소리하는 거야? 난 술에 손도 안대.

04 Text me the address later.
나중에 주소를 문자로 보내.

#01 Okay. Tell me your phone number.
알았어. 네 전화번호 말해줘.

#02 Sure. Is your phone number 0405-348-3343?
물론이지. 네 전화번호 0405-348-3343이지?

#03 No, I can't. My cell got cut off.
나 문자 못 보내. 내 핸드폰 끊겼어.

어휘 / 표현정리

- **be high** (마약, 알콜 등에 의해) 취하다
- **dope** 마약 cf) do dope 마약하다
- **get cut off** (요금미납으로) 끊기다
- **dizzy** 현기증 나는, 어질어질한
- **text** 문자, 문자를 보내다

05 Loosen up.
마음을 편히 가져. 긴장을 풀어.

#01 It's easy for you to say so.
너니까 그렇게 말하기가 쉽지.

#02 Okay. I will relax.
알았어. 진정할게.

#03 I think I'm just way too sensitive.
내가 좀 지나치게 많이 민감한 것 같아.

06 I will make it up to you.
내가 보상해 줄게.

#01 It's too late. You and I are over.
너무 늦었어. 너랑 나랑은 끝났어.

#02 Do you know how many times you have said that?
네가 그 말을 얼마나 많이 했는지 알고 있니?

#03 Okay. For starter, how about you buying me a nice gift?
그래, 시작으로 너 내게 좋은 선물을 하나 사주는 게 어때?

어휘 / 표현정리

- **loosen up** 마음을 편히 갖다, 여유를 가지다
- **make it up to** ~에게 보상하다
- **How about ~V ing** ~하는 게 어때?
- **relax** 긴장을 풀다
- **starter** 시초, 개시

Review!

다음 각 A와 B의 대화문 빈칸에 들어갈 적절한 표현을 넣어보세요.
잘 기억이 나지 않는다고요? 그럼 앞으로 돌아가서 다시 복습하세요!

1. A : ____ early.
       너 일찍 일어났네.

    B : Yeah, I went to bed early last night.
       응. 지난밤에 일찍 잤거든.

2. A : I can't believe you're doing this to me.
       네가 나한테 어떻게 이럴 수가 있니.

    B : I'm really sorry. ______________________ I promise.
       정말 미안해. 내가 보상해 줄게. 약속해.

3. A : How do I look today?
       나 오늘 어때 보여?

    B : Wow, ____
       와우, 넌 정말 훌륭한 너만의 멋진 스타일을 가지고 있어.

4. A : You should come to Jay's party tonight.
       너도 오늘 제이 파티에 와야 해.

    B : Okay, ____________________________ I will see you there.
       알았어. 나중에 주소를 문자로 보내. 거기서 보자.

5. A : Why are you acting so weird? ____________________
       너 왜 그렇게 이상하게 구는 거야? 너 취했니?

    B : Of course, not. It's just bad hangover.
       당연히 아니지. 그냥 술이 안 깨서 그래.

6. A : You're so tense. ________________________________
       너 오늘 너무 예민한 것 같다. 긴장 좀 풀어.

    B : Okay. Can you massage my back for a while?
       알았어. 내 등 좀 잠깐 마사지 해줄래?

Episode 05

01 I have it all planned.
내가 모두 다 계획해놨지.

#01 Oh, you never disappoint me.
오, 넌 날 절대 실망시키지 않는구나.

#02 Really? Can you at least give us a hint?
정말로? 우리에게 최소한 힌트라도 줄 수 있니?

#03 I always knew that you're a man of preparation.
난 항상 네가 준비의 달인이라고 생각하고 있었어.

02 I'm up for anything.
전 뭐든지 할 수 있어요.

#01 Oh, you sound pretty determined.
오, 꽤 결의가 단호한 것처럼 들리는구나.

#02 That's the spirit. I like it!
바로 그 정신이야. 맘에 들어.

#03 Good. Then, I will tell you what to do.
좋아. 그러면, 네게 뭘 해야 할지 말해주겠다.

어휘 / 표현정리

- **be up for** ~을 할 수 있는
- **at least** 최소한
- **have something p.p** ~을 ~되게 하다 ex) have the car repaired 차를 수리하다
- **determined** 확고한, 결의가 굳은
- **preparation** 준비

03 You can't go wrong with chicken.
닭은 맛없게 요리할 수가 없죠.

#01 You said it!
동감이야!

#02 Yeah, what kind of dumb would go wrong with chicken?
맞아, 어떤 바보가 치킨을 맛없게 요리하겠어.

#03 You never know.
그건 모르는 일이죠.

04 It's not a big deal.
별일 아니야.

#01 Are you sure? Because you look so worried.
확실하니? 너 너무 근심스러워 보여서 그래.

#02 I hope it's not.
나도 별일이 아니길 바래.

#03 Then, let's forget about it and hit the beach.
그럼, 잊어버리고 해변으로 가자.

어휘 / 표현정리

- **go wrong** 잘못되다　　• **dumb** 바보　• **look worried** 근심스러워 보인다
- **hit the beach** 해변에 가자 cf) hit the pool 수영장에 가자
- **You said it.(=You're telling me. / Tell me about it.)** 동감이야. 네 말이 맞아.

Episode 05

05. I must have dialed the wrong number.
전화를 잘못 걸었나 봐요.

#01 Yeah, I think so. Please check the number again.
네, 그런 것 같네요. 번호를 다시 확인해 보세요.

#02 No worries. Bye.
괜찮습니다. 끊을게요.

#03 Or you may have a wrong phone number.
아니면 네가 잘못된 전화번호를 갖고 있는 걸지도 몰라.

06. He's a real catch.
그 남자 정말 킹카에요.

#01 Tell me about it. He is really hot!
내 말이! 그는 정말 섹시해!

#02 If I were you, I would ask him out.
내가 너였다면, 난 그에게 데이트 신청을 할 거야.

#03 Yeah, it's tragedy he has a girlfriend.
그러게, 그에게 여자친구가 있다는 건 정말 비극이야.

어휘 / 표현정리

- **catch** 킹카, 퀸카
- **hot** 섹시한
- **tragedy** 비극
- **If 주어 + 과거동사, 주어 + 과거조동사 + 동사** ~라면 ~할 것이다(가정법 과거형)

Review!

다음 각 A와 B의 대화문 빈칸에 들어갈 적절한 표현을 넣어보세요.
잘 기억이 나지 않는다고요? 그럼 앞으로 돌아가서 다시 복습하세요!

1. A : James Martin? There's no one by that name.
    제임스 마틴이요? 그런 사람 없는데요.

    B : Oh, ___________________________ I'm sorry.
    오, 제가 전화를 잘못 걸었나 보네요. 죄송해요.

2. A : You can count on me. ___________________________
    절 믿으세요. 전 뭐든지 할 수 있어요.

    B : Sorry, but I don't trust you.
    미안하지만 난 자넬 신뢰하지 않네.

3. A : What's going on? You look depressed today.
    무슨 일이야? 너 오늘 우울해 보여.

    B : ___________________________ Don't worry. I'm fine.
    별일 아니야. 걱정하지 마. 나 괜찮아.

4. A : What do you feel like having tonight?
    오늘 뭐 먹고 싶어?

    B : Well, How about chicken? ___________________________
    음, 닭요리 어때? 닭은 맛없게 요리하기도 힘들잖아.

5. A : So what are you gonna do on your girlfriend's birthday?
    그래서 너 여친 생일에 뭐할 건데?

    B : ___________________________ She will be very surprised.
    다 계획 짜놨지. 그녀가 깜짝 놀랄 거야.

6. A : Have you met Jenny's boyfriend?
    너 제니 남친 만나봤어?

    B : Yes, I have. I think ___________________________
    응. 내 생각엔 걔 정말 킹카야.

Episode 06

01 I can't screw up.

난 망치면 안 돼.

#01 Neither can I. This is our last chance.
나도 그러면 안 돼. 이게 우리의 마지막 기회야.

#02 Don't worry. I will give you a hand.
걱정하지 마. 내가 도와줄게.

#03 Believe in yourself. I'm sure you'll make it.
스스로를 믿어. 난 네가 해낼 거라고 믿어.

02 Make it happen.

(안 돼도) 되게 해.

#01 Trust me. I will.
절 믿으세요. 그렇게 할게요.

#02 I can't. No one can make it happen.
전 못해요. 아무도 그것을 해낼 수 없어요.

#03 You know what? You're overestimating me.
그거 알아요? 당신은 날 과대평가하고 있는 거예요.

어휘 / 표현정리

- **screw up** 망치다　　· **chance** 기회　　· **overestimate** 과대평가하다
- **give someone a hand** ~를 도와주다　　· **make it** 해내다, 제대로 도착하다

03 I didn't take you for a stoner.

난 네가 마약쟁인 줄은 몰랐다.

#01 That marihuana is not mine. It's Jenny's.
그 마리화나 내 것이 아니야. 그거 제니 것이야.

#02 I'm sorry to have disappointed you. But that's who I am.
널 실망시켜서 미안한데, 그게 나란 사람이야.

#03 Look who's talking!
사돈 남 말 하시네!

04 I'm sorry to bother you.

귀찮게 해서 죄송합니다.

#01 It's okay. What's the matter?
괜찮아요. 무슨 일이죠?

#02 Do you have any idea what time it is now?
지금이 몇 시인지 알고나 계세요?

#03 No problem. How can I help you?
괜찮습니다. 어떻게 도와드릴까요?

어휘 / 표현정리

- **take someone for A** 누군가를 A로 여기다
- **bother** 귀찮게 하다
- **stoner** 마약쟁이 cf. get stoned (술, 마약)에 취하다

05   I'm relieved.

마음이 놓여요. / 다행이에요.

#01 So am I.

저도 그래요.

#02 Me, too. It's great news that everybody is all right.

저도요. 모든 사람들이 괜찮다고 하니 정말 좋은 소식이네요.

#03 Yeah, now we can go home and relax.

응, 이제 집에 가서 쉴 수 있겠다.

06   I wish he could be honest with me.

그가 내게 솔직했으면 좋겠어.

#01 Yeah, he always tells lies to you.

응, 그는 항상 네게 거짓말만 해.

#02 But your wish is just a wish. He will never become honest with you.

하지만 네 소망은 소망일 뿐이야. 그는 절대 너에게 정직해지지 않아.

#03 Get a grip, Jenny. He is a born liar.

정신 차려, 제니야. 걔는 타고난 거짓말쟁이야.

어휘 / 표현정리

- **be relieved** 안심하다
- **get a grip** 정신 차려!
- **I wish + 주어 + could + 동사** ~했으면 좋겠는데
- **a born liar** 타고난 거짓말쟁이

Review!

다음 각 A와 B의 대화문 빈칸에 들어갈 적절한 표현을 넣어보세요.
잘 기억이 나지 않는다고요? 그럼 앞으로 돌아가서 다시 복습하세요!

1. A : My brother is safe in Iraq. I just got a call from him.
제 남동생 이라크에서 무사하대요. 그에게서 막 전화 받았어요.

    B : Thank god. ________________________________
정말 다행이에요. 안심이 되네요.

2. A : What's this in your bag? Marihuana? ________________
네 가방 안에 이거 뭐야? 마리화나니? 난 네가 마약하는 앤 줄 몰랐는데.

    B : That's not mine. That's Peter's.
그거 내 것이 아니야. 피터 거야.

3. A : ________________ but can I talk to you for a second?
귀찮게 해서 미안한데, 잠깐 얘기할 수 있어?

    B : Sure. Come in.
물론이지. 들어와.

4. A : I heard you have an English test tomorrow.
내일 영어 시험 있다면서.

    B : Yeah, ________________ It's a really important test.
응, 망치면 안 돼. 정말 중요한 시험이야.

5. A : I think your boyfriend is lying to you.
내 생각엔 네 남친 너한테 거짓말하는 거 같아.

    B : Yeah, I know. ________________________________
그래, 나도 알아. 그가 좀 솔직했으면 좋겠는데.

6. A : Mr. Johns. It's impossible to finish this by tomorrow.
존스 씨. 이걸 내일까지 끝낸다는 건 불가능해요.

    B : ________________________________ or you'll be fired.
(안 돼도) 되게 해, 안 그러면 해고당할 줄 아세요.

Episode 07

01 Tell him I say hi.
그에게 내가 안부 전한다고 말해줘.

#01 Okay. Hey, Jenny says hi.
알았어. 야, 제니가 안부 전한다.

#02 Sure. Take care, bye.
물론이지. 잘 지내, 안녕.

#03 I will. Nice catching up with you.
그럴게. 너랑 얘기해서 좋았어.

02 I am sorry for taking you for granted lately
요즘 널 소홀히 대해서 미안해.

#01 You have hurt me really, really bad.
너 정말, 정말 내게 심하게 상처 줬어.

#02 Saying you're sorry is not enough.
미안하다고 말하는 걸로 충분하지 않아.

#03 Really? Then how are you gonna make it up to me?
정말? 그럼 내게 어떻게 보상해 줄 건데?

어휘 / 표현정리

- **say hi** 인사하다, 안부를 전하다   • **make it up to someone** ~에게 보상하다
- **take someone for granted** ~를 소홀히 대하다
- **catch up with** ~와 따라잡다 (밀린 이야기를 했다는 의미로 쓰임)

03 I was born loaded.
난 태어날 때부터 부자였어.

#01 Yeah, you were born with a silver spoon in your mouth.
그래, 넌 부유한 집안에서 태어났지.

#02 You're lucky. I wish my parents were rich, too.
넌 행운아야. 나도 우리 부모님이 부자라면 좋을 텐데.

#03 That doesn't give you the right to treat people like crap.
그게 네가 다른 사람들을 개똥처럼 다룰 권리를 주진 않아.

04 I am on my way.
나 가는 중이야.

#01 How long do you think it will take to get here?
여기 도착하는데 얼마나 걸릴 것 같니?

#02 Okay. Hurry up. It's not a party without you.
알았어. 서둘러. 네가 없으면 파티가 아니야.

#03 Hey, step on it. We don't want you to be late.
야, (차) 밟아! 우린 네가 늦는 걸 원치 않는다고.

어휘 / 표현정리

- **loaded** 돈이 엄청 많은 · **crap** 쓰레기, 똥 · **step on it** (자동차 페달을) 밟다
- **on one's way** 가는 길 · **treat** 다루다
- **born with a silver spoon in one's mouth** 부잣집에서 태어난

05. What do you say?
네 생각은 어때?

#01 Okay. Let's do it.
알았어. 해보자!

#02 Yeah, it sounds like a good idea.
그래, 좋은 생각인 것 같아.

#03 What the hell! All right, let's skip the class.
에라 모르겠다! 좋아, 수업 땡땡이치자!

06. I got moves.
나 춤 좀 춰.

#01 Really? Why don't you get up on the floor?
정말? 그러면 무대 위에 올라가 보는 건 어때?

#02 Really? Do you wanna dance with me?
정말? 나랑 같이 춤출래?

#03 What kind of moves you got? Hip-hop moves?
어떤 종류의 춤을 좀 추는 건데? 힙합 춤?

어휘 / 표현정리

- **What the hell** 도대체, 이런 염병, 에라 모르겠다
- **What do you say?** 네 생각은 어때?
  cf) What do you say to a drink? 술 한 잔 어때?

Review!

다음 각 A와 B의 대화문 빈칸에 들어갈 적절한 표현을 넣어보세요.
잘 기억이 나지 않는다고요? 그럼 앞으로 돌아가서 다시 복습하세요!

1. A : Is that John on the phone? _______________________________
   존이랑 통화하는 거니? 내 안부도 전해줘.

   B : Okay. John, Susan says hi.
   응. 존, 수잔이 안부 전해달래.

2. A : Where are you? We're all waiting for you.
   너 어디야? 우리 모두 여기서 너 기다리고 있는데.

   B : ___________________________ I will be there in 10 minutes.
   나 가는 중이야. 10분 후에 도착할거야.

3. A : Can you really dance?
   너 정말 춤 출 수 있어?

   B : Of course, I can. _______________________________
   당연하지. 내가 춤 좀 춰.

4. A : How can you afford a $ 6,000 watch?
   너 어떻게 6,000달러짜리 시계를 감당해?

   B : Because _______________________________
   내가 좀 부유하게 태어났거든.

5. A : Alicia. _______________________________
   앨리시아. 요즘 널 소홀히 대해서 미안해.

   B : It's too late. I don't want to be with you anymore.
   너무 늦었어. 나 이제 더 이상 너랑 함께하고 싶지 않아.

6. A : Let's go out and play basketball. ___________________
   나가서 농구하자. 네 생각은 어때?

   B : Why not? I will go get a ball.
   좋아. 내가 공 가져올게.

Episode 08

01 What difference does it make?

그래서 뭐가 달라지는데?

#01 So you got any better ideas?

그럼, 넌 뭐 더 좋은 생각 있냐?

#02 It may not make a huge difference now, but in a year or two, I am sure it will make a big difference.

지금은 큰 차이가 없을 수도 있지만, 1년이나 2년 정도 지나면, 큰 차이가 날 거라고 확신해.

#03 Why are you always being so negative about my opinion?

넌 왜 항상 내 의견에 그렇게 부정적인 건데?

02 What's on your mind?

무슨 생각하니?

#01 Um, can I ask your sister out tonight?

음, 오늘 밤 네 여동생에게 데이트 신청해도 될까?

#02 I'm thinking about going backpacking this summer.

이번 여름에 배낭여행 가는 거에 대해 생각하고 있었어.

#03 Sorry, I can't talk about it. It's kind of personal.

미안해, 말해 줄 수가 없어. 좀 개인적인 거라서.

어휘 / 표현정리

- **difference** 차이점
- **better** 더 나은
- **negative** 부정적인
- **opinion** 의견
- **go backpacking** 배낭여행 가다
- **on your mind** 마음속에
- **personal** 개인적인, 사적인

03 Face it.
현실을 직시해. / 인정해.

#01 Face what? Face the fact that I'm broke?
뭘 직시하라는 거야? 내가 파산했다는 현실을 직시하라는 거야?

#02 I know, but it's just too hard to believe.
나도 알아, 하지만 믿기가 너무 어렵다고.

#03 Yeah, I'm facing the fact that she's getting married.
그래, 나 그녀가 결혼한다는 사실을 직시하고 있다고.

04 I guess I was a late bloomer.
난 대기만성형이었나 봐요.

#01 Yeah, it must run in the family.
그래, 집안 혈통인가 봐.

#02 Late bloomer? Come on, you were just lucky this time.
대기만성형이라고? 왜 이래, 넌 그냥 이번만 운이 좋았던 거야.

#03 I always knew you were a late bloomer.
난 항상 네가 대기만성형이라는 것을 알고 있었어.

어휘 / 표현정리

- **face** 마주하다, 직시하다
- **be broke** 파산하다
- **a late bloomer** 대기만성형(=늦게 꽃이 피는 사람)
- **run in the family** 유전적이다, 혈통이다

05. Care to make a wager?
내기할래?

#01 Why would I take a bet when I can just kick you out?
내가 널 쫓아낼 수도 있는데 왜 너랑 내기를 해야 하지?

#02 Why not? 50 bucks says that he's gay.
물론이지. 그가 게이라는 것에 50달러 건다.

#03 Making a wager on what?
뭘 내기하자는 건데?

06. I will make an effort to bond.
어울리기 위해 노력해 볼게.

#01 Can you promise?
약속할 수 있니?

#02 Thank you. I am sure you will like him once you get to know him.
고마워. 네가 그를 일단 알게 되면 좋아할 거라고 확신해.

#03 Good. That's a first step.
좋았어. 첫 걸음을 떼는 거야.

어휘 / 표현정리

- **wager** 노름, 내기
- **take a bet** 내기를 하다
- **once** 일단 ~ 하면
- **make an effort to** ~하려는 노력을 하다
- **bond** 어울리다, 친해지다
- **( ) bucks say ~** ~하는데 ( ) 달러를 건다

Review!

다음 각 A와 B의 대화문 빈칸에 들어갈 적절한 표현을 넣어보세요.
잘 기억이 나지 않는다고요? 그럼 앞으로 돌아가서 다시 복습하세요!

1. A : ____
        무슨 생각하는 거야?

    B : I'm just thinking about the accident that happened
        last night.
        그냥 어젯밤에 일어난 사고에 대해서 좀 생각하고 있었어.

2. A : He will not call you. ______________________________
        그는 너한테 전화 안할걸. 내기할래?

    B : Yeah! Why not? I'm sure he will call me.
        그래, 좋아. 난 그가 전화할 거라고 확신해.

3. A : I want you to get along well with Dan.
        난 네가 댄이랑 잘 지냈으면 좋겠어.

    B : Okay. ____
        알았어. 어울리기 위해 노력해 볼게.

4. A : ________________________ You cannot continue this race.
        인정해. 넌 이 경주를 계속할 수가 없어.

    B : I know, but I have to. I really need the prize money.
        알아, 하지만 난 해야 해. 나 정말 상금이 필요하단 말이야.

5. A : Why don't we just quit this?
        우리 그냥 이거 그만두는 게 어때?

    B : ____
        그래서 뭐가 달라지는데?

6. A : You haven't had a girlfriend for 3 years, and now you
        have two?
        3년 동안 여친 한 명 없더니 이제 두 명이나 생긴 거야?

    B : Right. ____
        응. 난 대기만성형이었나 봐요.

Episode 09

01 Screw you!

엿이나 먹어!

#01 I will make you regret saying that.
내가 너 그 말한 것 후회하게 해줄게.

#02 No, screw you!
아니, 네가 엿 먹어라!

#03 What did you just say?
너 방금 뭐라고 했어?

02 I am in a good mood.

나 오늘 기분이 좋아.

#01 Yeah, you are grinning from ear to ear.
그러게, 너 입이 찢어지게 웃고 있구나.

#02 Yeah, I can see that. Can I ask you why?
응, 나도 보여. 왜 그런지 물어도 될까?

#03 Let me guess. Did you make a new boyfriend?
내가 맞혀보지. 너 새 남자친구 생겼지?

어휘 / 표현정리

- **screw(=fuck)** 엿 먹어라
- **grin from ear to ear** 입이 찢어지게 웃다
- **be in a good mood** 기분이 좋다
- **regret + V-ing** ~한 것을 후회하다

03 She gave me the boot.

걔 나랑 절교했어.

#01 What? But you're her only friend.

뭐? 하지만, 넌 걔의 유일한 친구잖아.

#02 Really? What happened?

정말로? 어떻게 된 거야?

#03 You must have done something that made her angry.

너 뭔가 그녀를 화나게 했구나.

04 I am not taking no for an answer.

안 된다는 대답은 받아들이지 않을 거예요.

#01 All right. I will take you to the party with me.

알았어. 널 파티에 데리고 갈게.

#02 But the only answer I can give to you is No.

하지만 내가 너에게 줄 수 있는 대답은 안 된다는 것뿐이야.

#03 Okay. You win. I will lend you some money.

알았어. 네가 이겼다. 돈 빌려줄게.

어휘 / 표현정리

- **give someone the boot** ~랑 절교하다, ~를 해고하다   • **behave** 행동하다
- **properly** 똑바로, 올바르게   • **must have + p.p** ~을 했음에 틀림없다

05 I just lost my appetite.
나 방금 식욕을 잃었어.

#01 Is it because I farted?
내가 방귀 뀌어서 그런 거니?

#02 Really? Then you will just have to watch me eat.
정말? 그러면 넌 그냥 내가 먹는 걸 지켜봐야겠구나.

#03 What's wrong? Do you want me to cook something else for you?
왜 그러니? 뭐 다른 걸 요리해 주길 원하니?

06 I didn't see this coming.
이건 몰랐네. / 그렇게 나올 줄은 몰랐네.

#01 Haha, I got you. Didn't I?
하하, 내가 너 낚았지. 그렇지?

#02 Neither did I. How can he have an affair with your best friend?
나도 못했어. 어떻게 그는 네 제일 친한 친구와 바람을 필 수가 있니?

#03 Yeah, life can be a real bitch at times.
그래, 삶이 가끔은 정말 짜증날 때가 있지.

어휘 / 표현정리

- **lose one's appetite** 식욕을 잃다 · **fart** 방귀 뀌다 · **at times** 때때로
- **have an affair** 바람을 피우다 · **bitch** 불쾌한 것, 짜증나는 것
- **What's wrong?(=What's the matter?)** 무슨 일이야?

# Review!

다음 각 A와 B의 대화문 빈칸에 들어갈 적절한 표현을 넣어보세요.
잘 기억이 나지 않는다고요? 그럼 앞으로 돌아가서 다시 복습하세요!

1. A : Why are you not eating? You don't like the food?
    왜 안 먹는 거야? 음식이 맘에 안 들어?

    B : No, ____
    아니요, 방금 식욕을 잃었어요.

2. A : Let's go see a movie with me. ___________________________
    나랑 영화 보러 가자. 안 된다는 대답은 안 받아.

    B : I am really sorry, but I can't. I have to baby-sit my cousin.
    정말 미안, 나 못가. 사촌 애기 봐야해.

3. A : You are laughing a lot today.
    너 오늘 정말 많이 웃는다.

    B : Yeah, because ____
    응. 나 오늘 기분이 좋거든.

4. A : What happened between you and Alicia?
    너랑 앨리시아 사이에 무슨 일 있었어?

    B : _____________________________ We're not friends anymore.
    걔 나랑 절교했어. 우리 이제 친구 아니야.

5. A : Thank you for helping me, but I still want you to leave.
    도와준 건 고마운데, 그래도 난 네가 떠났으면 좋겠어.

    B : Oh, ____
    오, 그렇게 나올 줄은 몰랐네.

6. A : You're a racist. _______________________________________
    넌 인종차별주의자야. 엿이나 먹어!

    B : What did you just say? You wanna fight?
    너 방금 뭐라고 했어? 너 싸우고 싶어?

Episode 10

01 I put my foot in my mouth.
내가 말실수를 했어.

#01 What did you say to him?
그에게 뭐라고 말했는데?

#02 Yeah, you should apologize to her for the slip of the tongue.
응, 너 그녀에게 실언한 것에 대해 사과해야 해.

#03 Yes, you did. You should think twice before you say something.
응, 너 그랬어. 너 말하기 전에 두 번 생각해야 해.

02 You'd have to learn how to behave yourself
넌 점잖게 행동하는 방법부터 배워야겠다.

#01 What are you, my mom?
네가 뭐 내 엄마라도 되냐?

#02 Ha! Why don't you teach me how to, Mr. Perfect Behavior?
하! 네가 그 방법을 내게 가르쳐 주는 게 어때? 완벽행동님?

#03 I'm sorry. This will never happen again.
죄송해요. 다시는 이런 일이 없을 거예요.

어휘 / 표현정리

- **learn how to** ~하는 방법을 배우다
- **the slip of the tongue** 실언, 말실수 · **behave oneself** 점잖게 행동하다
- **put one's foot in one's mouth** 실언을 하다, 말실수를 하다

03 **I don't want to be a burden to you.**
나 너에게 짐이 되기 싫어.

Oh, no. You are not a burden at all.
오, 아니요. 당신은 전혀 짐이 되지 않아요.

What? Where did you get that idea?
뭐? 도대체 그런 생각을 어떻게 하게 된 거야?

A burden? You have no idea how much you mean to me.
짐이라고? 너 네가 나에게 얼마나 큰 의미가 되는지 모르는구나.

04 **I'll pick you up at 5 in the car.**
내가 차로 5시에 데리러 갈게.

Okay. Don't be late.
알았어. 늦지 마.

All right. I will wait in the hall.
알았어. 홀에서 기다리고 있을게.

5? It's a bit early. Why don't you pick me up at 6?
다섯 시? 조금 이른데. 6시에 데리러 오는 건 어떠니?

어휘 / 표현정리

- **burden** 짐, 부담
- **have no idea** 전혀 알지 못하다
- **pick someone up** (누군가를 차로) 데리러 가다

05. Get with the times.

시대에 발 좀 맞춰.

#01 Are you telling me I'm old-fashioned?

너 지금 내가 구식이라고 말하는 거야?

#02 Hey, I'm in my fifties. What do you want from me?

어이, 난 벌써 50대야. 나한테 뭘 바라니?

#03 Haven't we gotten past this?

우리 이 문제는 넘어가기로 하지 않았었나?

06. It was just a last minute thing.

그냥 막판에 정해진 거야.

#01 That's why you forgot to tell me.

그래서 나한테 말하는 걸 잊어버렸던 거야?

#02 You know what? You really made a wrong decision.

너 그거 알아? 넌 정말 잘못된 결정을 한 거야.

#03 You shouldn't do something without thinking it through.

너 충분히 생각하지 않고 무언가를 해선 안 돼.

어휘 / 표현정리

- **old-fashioned** 구식의　· **in my fifties** 50대의 cf) in his twenties 20대의
- **get past something** ~을 뒤로 하다　· **think through** 충분히 생각하다

Review!

다음 각 A와 B의 대화문 빈칸에 들어갈 적절한 표현을 넣어보세요.
잘 기억이 나지 않는다고요? 그럼 앞으로 돌아가서 다시 복습하세요!

1. A : How dare you say I'm fat!
   어떻게 감히 나한테 뚱뚱하다고 말할 수 있어!

   B : Oh, I am sorry. _______________________________
   오, 미안해. 내가 말실수를 했어.

2. A : I don't understand why you want to leave.
   난 네가 왜 떠나려고 하는지 이해가 안 돼.

   B : Listen. _____________________ So, just let me go.
   있잖아. 너한테 짐이 되기 싫어. 그러니까 그냥 내가 가게 해줘.

3. A : _____________________________ You're outdated.
   시대에 발 좀 맞춰라. 넌 정말 구식이야.

   B : Yeah, I'm still stuck in the 80's.
   그래, 난 아직도 80년대에 산다.

4. A : ____
   내가 차로 5시에 데리러 갈게.

   B : Okay. I will see you then.
   그래. 그때 보자.

5. A : Nathan! _________________________________
   네이든. 넌 점잖게 행동하는 방법부터 배워야겠다.

   B : What? When have I ever behaved badly?
   뭐? 내가 언제 나쁘게 행동한 적 있어?

6. A : Why did you decide to go on a vacation with him?
   왜 그랑 같이 휴가를 가기로 결정한 거야?

   B : Well, ___________________________________
   음, 그냥 막판에 정해진 거야.

Episode 11

01 That handsome man was flirting with you. 저 잘 생긴 남자가 너한테 찝쩍댔어.

#01 That's absurd. He was not flirting with me.
말도 안 되는 소리. 그는 내게 찝쩍댄 게 아니야.

#02 No, he was not. We just had a casual talk.
아니야, 그렇지 않아. 우린 그냥 가벼운 얘기를 했을 뿐이야.

#03 Was he? I guess my beauty speaks for itself.
그래? 내 아름다움이 알아서 빛을 발하는구나.

02 I'm so clumsy.
전 너무 서툴러요.

#01 Especially today. Is there anything bugging you at the moment?
특히 오늘 그러네. 지금 널 괴롭히는 뭔가가 있는 거니?

#02 It's okay. Just clean up the mess.
괜찮아요. 그냥 어질러진 걸 치우세요.

#03 Don't worry. Is it your first day at work today?
걱정 마세요. 오늘이 일하는 첫날인가요?

어휘 / 표현정리

- **flirt with** ~에게 찝쩍대다
- **casual** 평범한, 가벼운
- **bug** 괴롭히다, 귀찮게 하다
- **absurd** 터무니없는, 불합리한
- **clumsy** 서투른
- **mess** 쓰레기더미, 혼잡함

03 I tried to call you but your phone was off.
너한테 전화했었는데, 전화기가 꺼져 있더라.

#01 Really? Maybe the battery went out.
정말? 아마 배터리가 다 떨어졌었나 보다.

#02 Yeah, I was in a meeting, so I turned my phone off.
응, 회의에 들어가서 전화기를 꺼놨었지.

#03 Yeah, I turned it off because I was taking a nap.
응, 낮잠을 자고 있어서 전화기를 꺼놨어.

04 Let's get down to business.
본론으로 들어갑시다.

#01 Okay. What is today's agenda?
알겠습니다. 오늘의 안건이 뭐죠?

#02 Where do we start first?
어디서부터 시작할까요?

#03 Hey, what's the rush? Let's take it slowly.
어이, 뭘 그렇게 서둘러요? 천천히 합시다.

어휘 / 표현정리

- **be off** (전자제품이) 꺼져 있다
- **turn something off** ~을 끄다
- **take something slowly** ~을 천천히 진행하다
- **go out** (전자제품이) 꺼지다
- **agenda** 안건, 의제

Season 1
Episode 11

05 **I am glad I could help.**
제가 도와드릴 수 있어서 기쁩니다.

#01 Oh, you are such a gentleman.
오, 당신은 정말 신사시군요.

#02 Thank you. I owe you one.
고마워요. 신세를 졌습니다.

#03 You're a real nice guy. I can't thank you enough.
정말 친절한 분이시군요. 어떻게 감사를 드려야 할지.

06 **Do you think it's cheesy?**
그거 좀 진부한가? / 그거 좀 유치한가?

#01 No, I think it's very romantic.
아니, 난 로맨틱하다고 생각해.

#02 Yeah, it's very cheesy to ask a woman "What's your sign?"
응, 여자에게 "별자리가 뭐에요?"라고 묻는 건 매우 진부해.

#03 No, it's a great pick-up line. Girls will fall for it.
아니, 그거 훌륭한 작업용 멘트야. 여자애들이 넘어갈 거야.

어휘 / 표현정리

- **owe** 빚지고 있다
- **pick-up line** 작업용 멘트
- **What's your sign?** (네이티브들의 가장 진부한 작업 멘트) 별자리가 뭐야?
- **cheesy** 유치한, 진부한
- **fall for** ~ 넘어가다, ~에 빠지다

Review!

다음 각 A와 B의 대화문 빈칸에 들어갈 적절한 표현을 넣어보세요.
잘 기억이 나지 않는다고요? 그럼 앞으로 돌아가서 다시 복습하세요!

1. A : ____
       너한테 전화했었는데, 전화기가 꺼져 있더라.

    B : I'm sorry. I turned it off while I was on a date with Susan.
       미안. 내가 수잔하고 데이트하는 동안 꺼놨었어.

2. A : Thank you very much for everything you've done for me.
       저한테 해주신 거 모두 감사해요.

    B : Don't mention it. ________________________________
       별말씀을요. 내가 도움이 되서 기뻐요.

3. A : My pick-up line is "Are you from heaven?" ________
       내 작업용 멘트는, "당신 천국에서 오셨어요?"야. 그거 좀 유치한가?

    B : Yeah, It's absolutely cheesy.
       응, 정말 유치하다.

4. A : ____
       저 잘생긴 남자가 너한테 찝쩍댔잖아.

    B : No way. We were just talking. That's all.
       말도 안 돼. 우린 그냥 얘기한 것 뿐이야. 그게 다야.

5. A : ____
       본론으로 들어갑시다.

    B : Okay. Let's talk about your plan first.
       그러죠. 당신의 계획에 대해서 먼저 얘기해봅시다.

6. A : Oh, my god. You broke another plate.
       오, 이런. 너 또 접시 깼잖아.

    B : I'm sorry, Ms. Coleman. ____________________ today.
       죄송해요, 콜맨 부인. 제가 오늘 좀 서투르네요.

Episode 12

01 Only time will tell.
오직 시간만이 말해줄 거야.

#01 You're right. We just have to wait and see.
네 말이 맞아. 그냥 두고 봐야지 뭐.

#02 I just hope that everything turns out well.
난 그저 모든 게 다 잘됐으면 좋겠어.

#03 It frustrates me that there is nothing that I can do.
내가 할 수 있는 게 아무것도 없다는 게 날 좌절시켜.

02 You are so naive.
너 정말 순진하구나.

#01 I am not naive. I just have faith in him.
순진한 게 아냐. 난 그냥 그에 대한 믿음이 있을 뿐이야.

#02 I am not naive. I just would like to believe what he has told me.
순진한 게 아냐. 난 그냥 그가 내게 말한 걸 믿고 싶을 뿐이야.

#03 Maybe I am. But I think it's better being naive than overly cunning like you.
아마 그럴지도. 하지만, 너처럼 지나치게 교활한 것보다는 순진한 게 낫다고 생각해.

어휘 / 표현정리

- **turn out** ~임이 판명 나다, ~가 되다
- **naive** (바보 같을 정도로) 순진한
- **overly** 지나치게, 과도하게
- **frustrate** 좌절시키다
- **faith** 신념, 확신
- **cunning** 약삭빠른, 교활한

03 **We are not in the same boat.**
우리는 같은 입장이 아니야.

#01 Who said we are?
누가 우리가 그렇대?

#02 Can't you just support me for once?
한 번만이라도 날 지원해 주면 안 되겠니?

#03 To be more specific, we've never been in the same boat.
좀 더 구체적으로 말하자면, 우리는 결코 같은 입장이었던 적이 없어.

04 **What's the catch?**
조건이 뭔데? / 무슨 꿍꿍이야?

#01 There's no catch. I just want to be friends with you.
조건은 없어. 그냥 너랑 친구가 되길 원할 뿐이야.

#02 It's a small thing. I want you to come to the office on Saturday.
작은 거야. 토요일 날 네가 사무실에 나오길 원해.

#03 Can I have this Thursday off? Please?
이번 주 목요일 날 쉬어도 될까요? 제발요.

어휘 / 표현정리

- **be in the same boat** 운명을 같이하다
- **specific** 명확한, 구체적인
- **catch** 함정, 조건, 책략
- **have a day off** 하루를 쉬다

05 Sounds like a plan.

괜찮은 계획 같은데.

#01 I knew you would love it.

네가 마음에 들어 할 줄 알았어.

#02 Great! I will go get my car. Let's go to the beach!

좋은데! 가서 차 갖고 올게. 해변으로 가자!

#03 Then, I'll go get some Ice-cream. What flavor would you like?

그럼, 내가 가서 아이스크림 가져올게. 무슨 맛 먹을래?

06 We are gonna have our hands full.

우리 무지하게 바쁠 거야.

#01 Yeah, this is going to be our busiest year.

응, 올해가 우리의 가장 바쁜 한 해가 될 거야.

#02 Yeah, we're going to be really busy.

응, 우리 정말 바쁠 거야.

#03 I am not worried at all. Actually I'm looking forward to it.

난 전혀 걱정 안 해. 사실 난 그걸 기대하고 있어.

어휘 / 표현정리

- **go get something** 가서 ~을 가져오다
- **flavor** 맛, 향
- **have one's hands full** (두 손이 꽉 찰 정도로) 무지하게 바쁘다
- **look forward to** ~을 기대하다

Review!

다음 각 A와 B의 대화문 빈칸에 들어갈 적절한 표현을 넣어보세요.
잘 기억이 나지 않는다고요? 그럼 앞으로 돌아가서 다시 복습하세요!

1. A : How about spending our vacation time in Mexico?
    우리 휴가를 멕시코에서 보내는 게 어때?

    B : ____ Let's do it.
    괜찮은 계획 같은데. 그러자.

2. A : Do you still think he will call you? God, ________________
    너 아직도 그가 너한테 전화할 거라고 생각하는 거야? 이런, 너 진짜 순진하다.

    B : He will definitely call me. Care to make a wager?
    그는 꼭 전화할 거야. 내기할래?

3. A : When do you think this global recession will come to an end?
    이 경기 침체가 언제쯤 끝날 것 같아요?

    B : I have no idea. ____
    모르겠어요. 오직 시간만이 말해줄 거야.

4. A : Jack. I got you a free ticket to the movie.
    잭. 내가 너 주려고 영화 티켓 구해왔어.

    B : ________________ I know there is no such thing as a free meal.
    무슨 꿍꿍이야? 세상에 공짜는 없다는 것쯤은 알아.

5. A : Don't act like you understand me. ________________________
    날 이해하는 것처럼 행동하지 말아요. 우린 같은 처지가 아니니까.

    B : Maybe we're not. But I really do understand you.
    아닐 수도 있죠. 하지만 난 정말 당신을 이해해요.

6. A : Tomorrow is a big day for our careers.
    내일은 우리 경력에 큰 하루가 될 거야.

    B : Yeah, ____
    그러게, 우리 무지하게 바쁠 것 같아.

01 What do you feel like + 동사 ing? : 너 ~하고 싶니?

What do you feel like **having**?　너 뭐 먹고 싶니?
What do you feel like **doing**?　너 뭐하고 싶니?

Speak Yourself!　너 무슨 얘기하고 싶니? (talk about)

02 Why don't you + 동사 : ~하는 게 어때요?

Why don't you **come in**?　안으로 들어오는 게 어때요?
Why don't you **tell me the truth**?
　　　　　　내게 진실을 말하는 게 어때요?

Speak Yourself!　이번에는 네가 쏘는 게 어때? (buy this time)

03 I don't wanna + 동사 : ~하고 싶지 않아.

I don't wanna **see her**.　그녀를 보고 싶지 않아
I don't wanna **watch television**.　텔레비전을 보고 싶지 않아.

Speak Yourself!　나 다시 그녀와 얘기하고 싶지 않아. (talk to her again)

 Answer　1. What do you feel like talking about?　2. Why don't you buy this time?　3. I don't wanna talk to her again.

04 **It's hard to** + 동사 ： ~하는 것은 어렵다.

It's hard to **wake up early.**   일찍 일어나는 것은 어렵다.
It's hard to **speak English.**   영어로 말하는 것은 어렵다.

Speak Yourself!   미래를 예상하는 것은 어렵다. (predict the future)

05 **I must have** + 과거분사 ： 나 ~했음이 틀림없어.

I must have **dialed a wrong number.**
                전화를 잘못 건 게 틀림없어.
I must have **pressed something.**
                내가 뭔가를 누른 게 틀림없어.

Speak Yourself!   그걸 집에 두고 온 게 틀림없어. (left it at home)

06 **If I were you, I would** + 동사 ： 내가 너라면 ~할 거야.

If I were you, **I would believe him.**   내가 너라면 그를 믿을 거야.
If I were you, **I would wait here.** 내가 너라면 여기서 기다릴 거야.

Speak Yourself!   내가 너라면 난 솔직해질 거야. (be honest)

---

4. It's hard to predict the future . 5. I must have left it at home. 6. If I were you, I would be honest.

대답 속 필수 회화패턴 복습하기

07 I'm sorry for + 동사 ing ： ~해서 미안해.

I'm sorry for **taking you for granted.**　널 소홀히 대해서 미안해.
I'm sorry for **giving you a hard time.**　널 힘들게 해서 미안해.

Speak Yourself!　이렇게 일찍 전화해서 미안해. (call you this early)

08 We don't want you to + 동사 ： 우린 네가 ~하는 걸 원치 않아.

We don't want you to **be late.**　우린 네가 늦는 걸 원치 않아.
We don't want you to **get hurt.**　우린 네가 다치는 걸 원치 않아.

Speak Yourself!　우린 네가 살 빼는 걸 원치 않아. (lose weight)

09 I'm thinking about + 동사 ing ： 난 ~하는 걸 생각중이야.

I'm thinking about **going backpacking.**
　　　　　　나 배낭여행 가는 걸 생각중이야.
I'm thinking about **moving to japan.**
　　　　　　나 일본으로 이사 가는 걸 생각중이야.

Speak Yourself!　나 중국어 배우는 것을 생각중이야. (learn Chinese)

Answer　7. I'm sorry for calling you this early.　8. We don't want you to lose weight.　9. I'm thinking about learning Chin

10 **You should** + 동사 ： 넌 ~ 해야 해.

You should apologize to her.　넌 그녀에게 사과해야 해.
You should think twice before you say something.
　　　　　너 말하기 전에 두 번 생각해야 해.

Speak Yourself!　　넌 내일 일찍 일어나야 해. (wake up early tomorrow)

11 **That's why** + 주어 + 동사 ： 그것이 ~ 인(한) 이유야.

That's why I love you.　　그것이 내가 널 사랑하는 이유야.
That's why I don't smoke.　그것이 내가 담배를 안 피는 이유야.

Speak Yourself!　　그것이 내가 늦게 자는 이유야. (sleep late)

12 **Can't you** + 동사 ： 넌 ~할 수 없는 거니?

Can't you support me?　날 응원해 줄 수는 없는 거니?
Can't you take a joke?　넌 농담을 받아드릴 수 없는 거니?

Speak Yourself!　　내게 도움을 줄 순 없는 거니? (give me a hand)

10. You should wake up early tomorrow. 11. That's why I sleep late. 12. Can't you give me a hand?

THE HILLS는 이런 리얼리티 쇼다!!

The Hills는 미국의 MTV사에서 제작한 리얼리티 쇼 중 하나입니다. 리얼리티 쇼는 구체적으로 정해진 각본이 없는 상태에서, 등장하는 인물들의 실제 삶을 카메라에 담아서 보여준다는 특징이 있습니다. The Hills는 미국 Los Angeles의 Hollywood를 배경으로, 이곳에서 자신의 꿈을 향해 달려가는 4명의 당찬 젊은 여성들을 배경으로 펼쳐지는 화려한 Hollywood의 삶을 시청자들에게 보여줍니다. 이미 미국에서는 엄청난 인기를 누리며 시즌 3까지 방영이 된 상태고, 출연자들은 소위 말하는 Celebrity(유명인사)가 되어 큰 인기를 누리고 있습니다.

이야기는 예쁘장한 얼굴에 몸매까지 완벽한 네 명의 여주인공들이 화려한 연예계의 중심지라고 할 수 있는 Hollywood에서 각자의 커리어를 쌓아가며 자신의 꿈을 이뤄가는 모습과, 그 안에서 벌어지는 사랑, 이별, 그리고 친구들 간의 배신 등이 화려한 파티장면들과 함께 흥미진진하게 펼쳐집니다. 정해진 각본이 없다는 특성상, 배우들의 대사들은 모두 실제 하고 싶은 말들을 마구 주고받는 형식이라 실제 미국인들이 대화하는 방식을 가장 구체적으로 듣고 연습해 볼 수 있는 최상의 회화 교재라고 해도 과언이 아닌 프로그램이지요.

드라마 The Hills와 관련한 더 많은 내용들을 알고 싶으면 다음 사이트들을 방문해 보세요. 공식 홈페이지에서부터 팬들이 만든 팬 사이트까지 The Hills에 관한 다양한 사진 및 영상 자료들이 있으니 심심할 때 한 번씩 방문해서 살펴보는 것도 여러분의 영어 공부에 도움이 될 겁니다.

- www.realityworld.com/thehills
- www.mtv.com/ontv/dyn/the_hills/series.jhtml
- www.thehollywoodgossip.com/categories/mtv/the-hills/
- hillsfan.com
- the_hills.otavo.tv

The HILLS의
등장인물

로렌 Lauren

베스트 프렌드인 Heidi와 함께 LA에서 살며 자신의 꿈을 위해 달리는 캐릭터이다. 디자인 학교를 다니며 동시에 틴보그 잡지사의 인턴으로 학업과 일 두 가지 토끼를 동시에 잡기 위해 노력해가는 당찬 여성이다.

하이디 Heidi

Lauren의 베스트 프렌드로 화려하게 생긴 외모답게 세상 그 무엇보다 파티를 가장 좋아하는 진정한 파티걸이다. Lauren과 함께 같은 디자인 학교를 다니던 중, 할리우드에서 가장 잘 나가는 파티 프로모터 회사에서 일할 기회를 얻고 학업은 뒷전으로 내팽개친다. Lauren과는 달리 계획을 갖고 꿈을 좇기보다는 현재를 즐기며 사는 것이 인생의 모토인 캐릭터다.

오드리나 Audrina

LA의 잘나가는 포토 스튜디오에서 리셉셔니스트가 직업이지만 모델 겸 영화배우로 일하고 싶은 것이 꿈인 여성이다. Lauren 과 Heidi가 LA로 오게 된 후 처음 사귀게 된 친구로, 정말 많은 남자들과 데이트를 하고 다니는 소위 말하는 '선수' 다.

휘트니 Whitney

외모와 몸매도 퀸카급에 업무 능력까지 갖춘 진정한 슈퍼걸이다. 패션업에서 성공하고자 하는 꿈을 갖고 Lauren과 함께 틴보그 잡지사에 인턴으로 일하고 있다. LA 토박이로 화려한 외모와 달리 속이 깊어, Lauren의 고민 상담을 들어주며 그녀가 LA에서 잘 적응할 수 있도록 도와주는 훈녀 캐릭터이다.

Episode 01

01 I've been so lonely.
나 너무 외로웠어.

#01 I know you have. That's why I came back.
나도 네가 외로웠다는 거 알아. 그래서 내가 돌아온 거야.

#02 Lonely? What happened to Jason, your boyfriend?
외롭다고? 네 남자친구, 제이슨은 어떻게 된 거니?

#03 How long have you been lonely? Since Jason left you?
얼마나 오랫동안 외로웠니? 제이슨이 널 떠난 후부터?

02 How are you gonna do your hair?
머리(스타일)는 어떻게 할 거야?

#01 I'm gonna do my hair normal.
그냥 평범하게 할 거야.

#02 I don't know. Any suggestions?
모르겠어. 뭐 제안할 거 있어?

#03 I think I'm gonna do pigtails.
머리를 양 옆으로 묶으려고 해.

어휘 / 표현정리

- **have + p.p** (계속) ~해 왔다
- **since** ~(한) 이후로
- **pigtail** 땋아 늘인 머리
- **do one's hair** 머리를 하다
- **normal** 정상의, 보통의
- **suggestion** 제안

03 (on the phone) This is she.
(전화상에서) 전데요.

#01 Hi, Jenny. How are you?
안녕, 제니. 잘 지내?

#02 Hi, Susan. It's me, Max. You sound different on the phone.
안녕, 수잔. 나야, 맥스. 너 전화 목소리는 다르구나.

#03 Oh, hi, Mrs. Simpson. This is Kevin speaking. How are you?
오, 안녕하세요, 심슨 여사님. 전 케빈입니다. 잘 지내시죠?

04 Nice to meet you.
만나서 반가워요.

#01 Nice to meet you, too.
저도 만나서 반가워요.

#02 It's a pleasure to meet you, too.
저도 만나서 기쁩니다.

#03 Glad to meet you, too.
저도 만나서 기쁩니다.

어휘 / 표현정리

- **This is he(she).** 전데요 (남자일 경우는 he, 여자일 경우는 she라고 전화상 대답함)
- **sound different** (목소리가) 다르게 들리다
- **Nice(glad, happy, pleasure) to meet you.** 만나서 반가워요.

05 I'm gonna be so bummed.

나 정말 우울할 거야.

#01 Don't worry. He will show up.

걱정하지 마. 그는 나타날 거야.

#02 At least, we got each other, right?

최소한 우리에게는 서로가 있잖아, 그렇지?

#03 Cheer up! Everything is gonna be all right.

기운 내. 모든 게 다 괜찮아질 거야.

06 Make yourself comfortable.

편하게 있으세요.

#01 Thank you. Can I get a glass of water?

고맙습니다. 물 한 잔 마실 수 있을까요?

#02 Thank you. You have a lovely house.

고마워요. 집이 너무 예쁘네요.

#03 Thank you. I just hope I am not imposing too much.

고맙습니다. 그저 너무 폐가 되지 않았으면 하는 바람이네요.

어휘 / 표현정리

- **be bummed** 우울하다, 속상해하다
- **show up** 나타나다
- **cheer up!** 기운 내!
- **impose** 강요하다, 지우다
- **make someone comfortable** ~를 편안하게 하다

Review!

다음 각 A와 B의 대화문 빈칸에 들어갈 적절한 표현을 넣어보세요.
잘 기억이 나지 않는다고요? 그럼 앞으로 돌아가서 다시 복습하세요!

1. A : Hey, ______________________ I've heard a lot about you.
    만나서 반가워요. 얘기 많이 들었어요.

    B : I'm happy to meet you, too.
    나도 만나서 반가워요.

2. A : Jason. ______________________ since you left me.
    제이슨. 네가 떠난 후로 나 너무 외로웠어.

    B : I know. I am sorry. I will never leave you again.
    알아. 미안해. 다시는 널 떠나지 않을게.

3. A : Please come in. ______________________
    들어오세요. 편하게 있으세요.

    B : Thank you.
    감사합니다.

4. A : May I speak to Lory, please?
    로리랑 통화할 수 있을까요?

    B : ______________________ May I ask who's calling?
    (전화상에서) 전데요. 누구시죠?

5. A : If I don't get that job, ______________________
    내가 그 일을 얻지 못하면, 난 정말 우울할 거야.

    B : Don't worry too much. I'm sure you'll get it.
    너무 걱정하지 마. 넌 그 일을 얻을 거야.

6. A : ______________________ on the prom night?
    너 프롬(파티) 때 머리는 어떻게 할 거야?

    B : I never really thought about it.
    전혀 생각 안 해봤는데.

Episode 02

01 She's all over everybody.
개는 모든 사람들한테 들이대.

#01 Yeah, she's a slut.
응, 개는 정말 헤퍼.

#02 Yeah, and the problem is that she thinks she's just being friendly.
응, 그리고 문제는 개는 그냥 자기가 붙임성 있게 행동할 뿐이라고 생각하는 거야.

#03 That's why we don't hang out with her.
그래서 우리가 개랑 안 노는 거야.

02 I got scolded.
나 혼났어.

#01 Really? What did they say?
정말? 그들이 뭐라고 말하던?

#02 What? What did you do wrong?
뭐? 너 뭘 잘못했는데?

#03 Is that because you were late this morning?
오늘 아침에 지각한 것 때문에 그런 거니?

어휘 / 표현정리

- **be all over someone** ~에게 미치다, ~에게 빠지다 • **be late** 지각하다
- **slut** 헤픈 여자, 매춘부 • **friendly** 친근한, 붙임성 있는 • **scold** 꾸짖다, 잔소리하다

03 **That sucks.**
그거 구려. / 그거 짜증 나.

#01 You bet. It really sucks.
맞아. 정말 구려.

#02 Yeah, working 11 hours every day totally sucks!
응, 매일 11시간을 근무하는 건 완전 구려!

#03 I know it sucks. But I have to go anyway.
나도 그거 짜증 나는 거 알아. 하지만 어쨌든 난 가야 해.

04 **I will give you a call.**
내가 너한테 전화할게.

#01 Okay. Bye!
알았어. 잘 가!

#02 All right. I'll talk to you later.
알았어. 나중에 얘기하자.

#03 Okay. But don't call me too late.
알았어. 하지만 너무 늦게는 전화하지 마.

어휘 / 표현정리

- **suck** 구리다, 형편없다, 짜증나다
- **give one a call** ∼에게 전화하다
- **You bet!** 정말이야, 맞아, 틀림없어.
- **have to** ∼해야만 하다

05 Don't rain on my parade.
내 기분 잡치지 말아줘. / 찬물 끼얹지 마.

#01 But that's what I heard. John has a girlfriend.
하지만, 그게 내가 들은 내용이야. 존은 여자친구가 있어

#02 I'm not raining on your parade, just offering my opinion.
네 기분 잡치려는 게 아냐. 그저 내 의견을 제시하는 거지.

#03 I'm sorry. I shouldn't have told you that.
미안해. 너한테 그걸 말하는 게 아니었는데.

06 Take a deep breath.
숨을 깊게 들이 쉬세요.

#01 Okay. I will take a deep breath. Oh, I'm so nervous.
알았어요. 숨을 깊게 들이 쉴게요. 오, 나 너무 떨려요.

#02 All right. Oh, this really calms me down.
알았어요. 오, 이거 정말 절 진정시켜 주는군요.

#03 Okay. Oh, that's better. Thanks.
알았어요. 오, 나아졌어요. 고마워요.

어휘 / 표현정리

- **offer** 제의하다
- **calm someone down** ~를 진정시키다
- **rain on one's parade** ~에 찬물을 끼얹다, ~의 기분을 나쁘게 하다

Review!

다음 각 A와 B의 대화문 빈칸에 들어갈 적절한 표현을 넣어보세요.
잘 기억이 나지 않는다고요? 그럼 앞으로 돌아가서 다시 복습하세요!

1. A : ______________________________________ after school.
   내가 학교 끝나고 너한테 전화할게.

   B : Okay. Talk to you later, Bye.
   그래. 나중에 얘기하자. 안녕.

2. A : You don't trust your girlfriend?
   너 니 여친 안 믿는 거야?

   B : Hell, no. How can I trust her when ______________________
   당연히 안 믿지. 그녀가 모든 사람한테 다 들이대는데 내가 그녀를 어떻게 믿니?

3. A : Tomorrow is going to be another rainy day.
   내일도 역시 비가 올 거야.

   B : Hey, ______________________ I'm going on a picnic with Tom.
   야, 찬물 끼얹지 마. 나 탐이랑 소풍갈 거란 말이야.

4. A : Jane. You need to relax. ______________________________
   제인, 너 진정해야 해. 숨을 깊게 들이셔.

   B : Okay. Thank you. I feel much better now.
   알았어. 고마워. 훨씬 나아졌어.

5. A : I got called into Lisa's office, and ______________________
   나 리사의 사무실로 불려가서 혼났어.

   B : Really? What did she say?
   정말? 그녀가 뭐라고 했는데?

6. A : I have to work until 8 everyday.
   나 매일 8시까지 일해야 해.

   B : ______________________ Why don't you look for another job?
   그거 짜증 나. 다른 일을 찾아보는 게 어때?

Episode 03

01 This is where I work.

여기가 내가 일하는 곳이야.

#01 Nice office. So is this your desk?

사무실 좋은데. 그럼 이게 네 책상이니?

#02 Cool. Can you show me around?

멋진데. 나 구경시켜 줄 수 있어?

#03 Wow, this place is bigger than I thought.

와우, 여기 내가 생각했던 것보다 더 큰데.

02 I usually don't get out of bed till 6.

난 보통 6시까지 침대에서 일어나지 않아.

#01 Six in the morning or six in the evening?

아침 6시 아니면 저녁 6시?

#02 Oh, that's still quite early.

오, 그래도 여전히 이른 시간인데.

#03 Well, I usually get out of bed at 9. So you are more diligent than I.

음, 난 보통 9시에 일어나니까, 네가 나보다 부지런하구나.

어휘 / 표현정리

- **get out of bed** 침대에서 일어나다
- **show someone around** ~를 구경시켜 주다
- **quite** 꽤, 상당히
- **diligent** 부지런한

03 You bought me a present?

내 선물 사온 거야?

#01 Yeah, I bought you a present. Here, I hope you like it.
응, 네게 선물 사왔어. 여기, 네가 좋아했으면 좋겠다.

#02 It's a small thing, so think nothing of it.
작은 거니까, 부담 갖지는 마.

#03 Yeah, I got you the cheapest that I could find.
응, 찾을 수 있는 것들 중에 가장 싼 걸로 샀어.

04 What about Brian?

브라이언은 어쩌고? / 브라이언은 어떡하지?

#01 What about him?
걔 뭐?

#02 Just give him some money, and he will go away.
그냥 돈 좀 쥐어줘. 그럼 갈 거야.

#03 We're not taking him to the party.
우린 걔를 파티에 데려가지 않을 거야.

어휘 / 표현정리

- **What about ~?** ~는 어때?, ~는 어쩌지? (상대방의 의견을 물을 때 사용됨)
- **buy someone a present** ~에게 선물을 사주다 (평서문이라도 끝을 올려서 말할 경우 의문문처럼 사용됨).

05 How's your job going?
일(직장)은 잘 돼가요?

#01 I love it and I love all the people there.
아주 마음에 들어요. 사람들도 다 마음에 들어요.

#02 I'm up to my ears in work these days.
요즘은 업무가 쌓여 있어요.

#03 It's going all right. How about you?
괜찮아요. 당신은 어때요?

06 Does that make sense?
그게 말이 되니? / 이해가 가니?

#01 No, I think it's ridiculous.
아니, 난 그게 말도 안 된다고 생각해.

#02 No, it doesn't make any sense at all.
아니, 전혀 말이 안 돼.

#03 Yeah, I got it.
네, 이해가요.

어휘 / 표현정리

- **be up to one's ears in work** 일이 산더미처럼 많다, 일에 빠져 죽을 지경이다
- **make sense** (말의 앞뒤가) 이치에 맞다, (어떤 사실을) 이해하다
- **ridiculous** 우스꽝스런, 어리석은

Review!

다음 각 A와 B의 대화문 빈칸에 들어갈 적절한 표현을 넣어보세요.
잘 기억이 나지 않는다고요? 그럼 앞으로 돌아가서 다시 복습하세요!

1. A : What time do you usually get out of bed?
   너 보통 몇 시에 일어나?

   B : ____
   나 보통 6시까진 침대에서 나오지 않아.

2. A : Congratulations on your graduation! Here, take this.
   졸업 축하해. 여기, 이거 받아.

   B : Wow. ________________________________ Thank you.
   와, 내 선물 사온 거야? 고마워.

3. A : ____
   일은 어때?

   B : Can't complain. I'm busy, but I get paid a lot.
   불만 없어. 바쁘지만, 돈은 많이 버니까.

4. A : So, is this your company?
   그러니까, 이게 너네 회사야?

   B : Yeah, ______________________________________
   응, 여기가 내가 일하는 곳이야.

5. A : It's already past nine. Let's go.
   벌써 9시가 넘었다. 가자.

   B : But ______________ We should take him with us.
   하지만, 브라이언은 어쩌고? 그도 데려가야 하잖아.

6. A : Jessica is not interested in me. ______________
   제시카는 나한테 관심 없어. 그게 말이 되니?

   B : Sure, why not? You're not her type.
   물론이지. 왜 안 돼? 넌 걔 스타일 아니야.

Episode 04

01 Who's it from?
그거 누구한테서 온 거니?

#01 It's from my mother. She sends me postcards every week.
엄마한테서 온 거야. 엄마는 매주 내게 엽서를 보내.

#02 It's from my girlfriend. She sends me care packages a lot.
여자친구한테서 온 거야. 그녀는 내게 소포꾸러미를 많이 보내.

#03 I don't know. Maybe, my secret admirer?
나도 몰라. 아마도 날 흠모하는 사람에게서 온 거 아닐까?

02 Take a left and go down the hallway.
좌회전해서, 복도를 따라 내려가세요.

#01 Did you say "Take a left" or "Take a right"?
좌회전하라고 하셨나요, 우회전하라고 하셨나요?

#02 How far do I have to go down the hallway?
얼마나 멀리 복도를 내려가야 하죠?

#03 Got it. Is the room on my left or right?
알겠어요. 그 방은 제 왼쪽에 있나요, 오른쪽에 있나요?

어휘 / 표현정리

- **secret admirer** 은밀한 추종자
- **care package** (이것저것 담긴) 소포꾸러미
- **on one's right(or left)** 누구의 오른쪽(또는 왼쪽)
- **how far** ~ 얼마나 멀리
- **go down** 내려가다

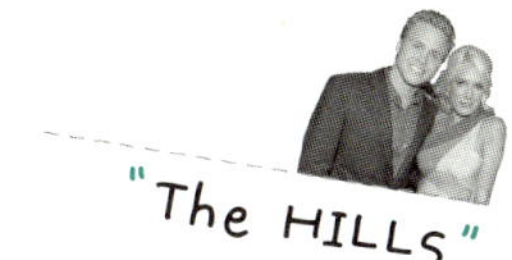

03 Do we get lunch breaks?
우리 점심시간 있나요?

#01 Sure. It's from 12 to one.
물론이죠. 12시부터 1시까지 입니다.

#02 I don't know. Why don't you go ask your boss?
나도 몰라. 네가 사장님에게 가서 물어보는 게 어때?

#03 There's no lunch breaks, but we finish an hour earlier.
점심시간은 없어요, 하지만 한 시간 일찍 끝나죠.

04 Who are you texting?
누구한테 문자 보내는 거니?

#01 My friend. Why do you ask?
내 친구. 왜 물어보는 거니?

#02 I'm texting my mom to find out where she is.
엄마가 어디 계신지 알아보려고 엄마에게 문자 보내는 거야.

#03 I'm texting Jenny to see how she's doing.
제니가 잘 지내고 있는지 보려고 제니에게 문자 보내는 거야.

어휘 / 표현정리

- **lunch break** 점심(휴식)시간
- **text** 문자, 문자를 보내다
- **from A to B** A에서 B까지
- **find out** ~을 알아내다

05 **Is he seeing other girls?**
걔 다른 여자들 만나고 있니?

#01 No, he's still in love with his ex.
아니, 쟤 아직도 전 여자친구를 사랑하고 있어.

#02 I don't know. We haven't really talked about that.
나도 모르겠어. 우리 그것에 관해선 정말 얘기해 본 적이 없어.

#03 Who cares? Why? Do you like him?
알게 뭐야? 왜? 너 걔 좋아하니?

06 **Thank you for coming.**
와 주셔서 감사합니다.

#01 Thank you for having me here.
이 자리에 불러주셔서 감사합니다.

#02 Don't mention it. What are friends for?
별 말씀을요. 친구 좋다는 게 뭡니까?

#03 My pleasure. I will do anything I can do to help.
천만에요. 제가 도와드릴 수 있는 일이라면 뭐든 하겠습니다.

어휘 / 표현정리

- **see someone** ~를 (이성적으로) 만나다
- **ex** 전 여자친구, 전 남자친구
- **be in love with** ~를 사랑하다 ("love +목적어" 보다 더 깊은 사랑이란 뉘앙스가 있음)
- **Thank you for + V-ing** ~해서 고마워

Review!

다음 각 A와 B의 대화문 빈칸에 들어갈 적절한 표현을 넣어보세요.
잘 기억이 나지 않는다고요? 그럼 앞으로 돌아가서 다시 복습하세요!

1. A : Hey, you got a letter. ____
    야, 너 편지 받았네. 그거 누구한테서 온 거야?

    B : Oh, it's from my brother. He's in the army now.
    우리 형한테서 온 거야. 그는 지금 군대에 있거든.

2. A : Excuse me. Can you tell me where the reception desk is?
    실례합니다. 안내 데스크가 어디 있는지 좀 말해주시겠어요?

    B : Sure. ____
    그럼요. 좌회전해서 복도를 따라 내려가세요.

3. A : Jason and Jenny! ____
    제이슨, 제니! 와줘서 고마워.

    B : You're welcome. It's good to see you.
    천만에. 너 보니까 좋다.

4. A : ____
    누구한테 문자 보내는 거야?

    B : Tom. I want to find out if he's okay.
    탐한테. 그가 괜찮은지 알아보려고.

5. A : John is so handsome. ____
    존은 정말 잘생겼어. 걔 다른 여자애들 만나니?

    B : Not that I know of.
    내가 알기론 없는데.

6. A : I'm starving! ____
    배고파 죽겠다. 우리 점심시간 있나요?

    B : Yeah, it's from 12:30.
    그럼요. 12시 반부터예요.

01 **We're gonna go out tonight.**
우리 오늘 밤에 나갈 거야.

#01 Where are you guys going?
너희 어디에 갈 거니?

#02 Can I join you guys?
나도 너희한테 껴도 되니?

#03 Can I ask where you're going?
너희 어디 가는지 물어도 돼?

02 **Are you gonna take it to the next level with Dan?** 너 댄하고 다음 단계로 넘어갈 거니?

#01 I don't know. It depends.
나도 몰라. 상황에 따라 다르지.

#02 No, not yet. I want to take things slowly this time.
아니, 아직은 아냐. 이번엔 천천히 진도를 나가고 싶어.

#03 I'm not sure. I still don't know much about him.
잘 모르겠어. 난 아직도 그에 대해 많이 모르잖아.

어휘 / 표현정리

- **gonna(=going to)** ~할 예정이다, ~할 것이다
- **It (That) depends** 사정에 따라 다르다, 그때그때 다르다
- **join** 참여하다

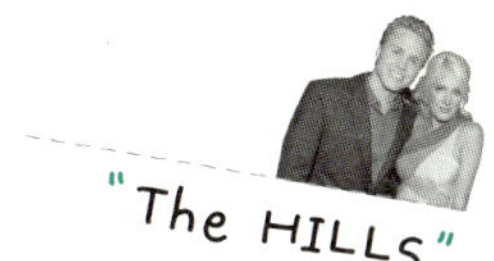

03 How's the food?
음식 어때요?

#01 It's a little greasy.
다소 기름지네요.

#02 Very delicious! You're a good cook.
매우 맛있어요. 아주 요리를 잘하시는군요.

#03 Not bad, but it's a bit salty.
나쁘진 않지만, 다소 짜네요.

04 Let's make a toast.
건배합시다.

#01 Yeah! Let's toast our victory!
네, 우리의 승리를 위해 건배합시다!

#02 Yes, let's. Here's to our new business!
네, 그럽시다. 우리의 새로운 사업을 위하여!

#03 Okay. Let's make a toast to our jobs that pay our rents.
그래, 우리의 월세를 내주는 우리 직업을 위해 건배하자!

어휘 / 표현정리

- **greasy** 기름기 있는
- **make a toast (to~)** (~을 위해) 건배하다
- **Here's to ~!** ~을 위하여!
- **cook** 요리하다, ⓝ요리사
- **You're a good cook.** 넌 훌륭한 요리사야. 넌 요리를 잘하는구나.

05. I used to work at Hooters.
난 후터스에서 일했었어.

#01 So did I. When did you quit?
나도 그랬어? 넌 언제 그만뒀니?

#02 Really? That's a news to me.
정말? 금시초문인데.

#03 How long did you work there?
얼마나 오래 거기서 일했니?

06. Put yourself in my situation.
너도 내 입장이 돼봐.

#01 Why should I?
내가 왜 그래야 하는데?

#02 I did, but I still can't understand why you did it.
그래 봤어. 하지만 여전히 네가 왜 그랬는지 이해가 안 가.

#03 Still, it doesn't justify your horrible behavior.
그럼에도, 그게 네 끔찍한 행동을 정당화시켜 주지는 않아.

어휘 / 표현정리

- **used to** ~하곤 했었다(=지금은 아니다)
- **quit** 그만두다
- **behavior** 행동
- **That's a news to me.** 금시초문이다.
- **situation** 상황
- **justify** 정당화하다

Review!

다음 각 A와 B의 대화문 빈칸에 들어갈 적절한 표현을 넣어보세요.
잘 기억이 나지 않는다고요? 그럼 앞으로 돌아가서 다시 복습하세요!

1. A : _____________________ There was nothing else I could do.
   너도 내 입장이 돼봐. 내가 할 수 있는 일이 하나도 없었다고.

   B : Don't try to make an excuse. What you did was wrong.
   변명하려고 하지 마. 네가 한 일은 분명 잘못한 거야.

2. A : ____
   건배하자.

   B : Okay. Here's to our friendship.
   그래. 우리의 우정을 위하여.

3. A : ____
   난 후터스에서 일했었어.

   B : Really? I used to work there, too.
   정말? 나도 거기서 일했었는데.

4. A : ____
   음식이 어때?

   B : It's fantastic. It's heaven.
   정말 최고야. 완전 천국이야.

5. A : ____
   너 댄하고 다음 단계로 넘어갈 거야?

   B : You mean, like living together or something like that?
   너 말은, 뭐 같이 사는, 뭐 그런 거 말이야?

6. A : ____
   우리 오늘 밤에 나갈 거야.

   B : Can I tag along?
   나도 따라가도 될까?

Episode 06

01 We're almost done.
우리 거의 다 됐어.

#01 Then, let's go out!
그러면, 나가자!

#02 Hurry, we don't have all day.
서둘러, 우리 하루 종일 시간이 있는 게 아냐.

#03 Okay. Let me know when you finish the work.
알았어. 일이 끝나면 알려줘.

02 I took her out on a date.
나 그녀와 데이트를 했어.

#01 Where did you take her?
그녀를 어디로 데리고 갔니?

#02 Oh, did you finally ask her out?
오, 마침내 그녀에게 데이트 신청한 거니?

#03 No, you didn't. Are you serious?
아니, 너 그랬을 리가 없어. 진짜야?

어휘 / 표현정리

- **almost** 거의
- **ask out** 데이트 신청하다
- **take someone out on a date** ~를 데이트에 데리고 가다
- **let someone + V** 누구를 ~하게 하다
- **serious** 진지한, 진심인

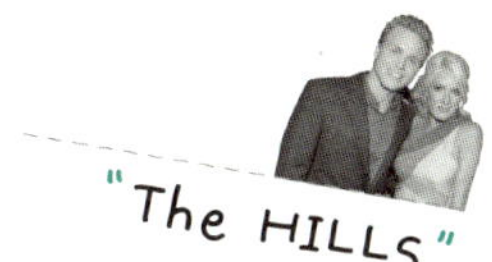

03 Line up!
줄 서!

#01 Should we line up in two rows lengthways?
세로 두 줄로 길게 줄 서야 하나요?

#02 Should we line up in two rows facing each other?
서로 마주 보면서 두 줄로 줄 서야 하나요?

#03 Should we line up in four rows of two persons per row?
한 줄에 두 명씩 네 줄로 서야 하나요?

04 You guys did a great job!
정말 수고 많았다. / 잘했어.

#01 Thanks. We really did our best.
고마워요. 저희는 정말 최선을 다했어요.

#02 Thank you. We couldn't have done it without your help.
고마워요. 당신의 도움이 없었다면 해낼 수 없었을 거예요.

#03 Thanks. Now we can go home and take a rest.
고마워요. 이제 저희는 집에 가서 쉴 수 있겠네요.

어휘 / 표현정리

- **Should we** 저희 ~해야 하나요?
- **lengthways** 세로로, 길게
- **couldn't have p.p** ~할 수 없었을 것이다(가정법의 종류)
- **row** 줄
- **do a great job** 훌륭히 일을 마치다

Season 1
Episode 06

05. I don't care what you say.
난 네가 하는 말 신경 안 써.

#01 You always say that in our arguments.
넌 항상 우리가 말싸움할 땐 그렇게 말하더라.

#02 Okay. I will leave you alone. Do whatever you want.
알았어. 널 내버려 둘 게. 네가 하고 싶은 대로 해.

#03 Do you really mean it?
너 그 말 진심이니?

06. You drive me insane.
내가 너 땜에 돌겠어.

#01 Why? Did I say something wrong?
왜? 내가 뭐 잘못 말했니?

#02 Okay, I won't bug you anymore.
알았어, 더 이상 귀찮게 안 할게.

#03 Then, I will stop talking to you.
그럼, 너한테 말 안 걸게.

어휘 / 표현정리

- **I don't care.** 난 상관 안 해.
- **mean it.** 진심이다, 정말이다 cf) I mean it. 나 진심이야.
- **drive someone insane** ~를 돌아버리게 하다
- **stop ~ing** ~하는 것을 멈추다

Review!

다음 각 A와 B의 대화문 빈칸에 들어갈 적절한 표현을 넣어보세요.
잘 기억이 나지 않는다고요? 그럼 앞으로 돌아가서 다시 복습하세요!

1. A : Sorry. We only came second in the competition.
    죄송해요. 우리 대회에서 2등밖에 못했어요.

    B : Don't say that. _______________________________
    그런 말 하지 마라. 정말 잘했어.

2. A : Can you stop singing that song? _______________________
    그 노래 좀 그만 부를 수 없어? 너 때문에 돌겠어.

    B : Oh, I'm sorry. I will just be quiet from now on.
    오, 미안. 이제 조용히 할게.

3. A : Are you guys still working on the assignment?
    너희 아직도 그 과제하고 있는 거야?

    B : _________________________________ Just a second.
    우리 거의 다 됐어. 잠깐만 기다려줘.

4. A : _________________________________ You know the routine.
    줄 세! 루틴은 알고 있지?

    B : Three rows lengthways, right?
    세로로 세줄, 맞죠?

5. A : What did you do yesterday? I tried to reach you.
    너 어제 뭐했어? 통화하려고 했는데.

    B : You know this girl named Jenny. _______________________
    너 제니라는 여자애 알지. 나 그녀와 데이트를 했어.

6. A : _________________________________ Leave me alone.
    난 네가 하는 말 신경 안 써. 나 좀 내버려둬.

    B : Suit yourself.
    너 맘대로 해.

Episode 07

01 Can I get a pancake with strawberries on top? 딸기를 얹은 팬케이크 하나 주시겠어요?

#01 Sure. Anything else?
물론이죠. 그밖에 다른 건요?

#02 I'm sorry. We are out of strawberries right now.
죄송한데, 저희가 지금 딸기가 다 떨어졌어요.

#03 Okay. Coming right up.
알겠습니다. 바로 가져다 드릴게요.

02 It's snowing.
눈이 오고 있어.

#01 No, it's raining.
아냐, 비오는 거야.

#02 Unbelievable. When was the last time it snowed?
믿을 수가 없군. 눈이 마지막으로 온 게 언제였죠?

#03 Shut up. It cannot be snowing in the middle of July.
말도 안 돼. 7월 중순에 눈이 올 리가 없어.

어휘 / 표현정리

- **Can I get** ~주시겠어요? (음식이나 음료를 주문할 때 가장 많이 사용하는 패턴 표현)
- **Coming right up!** 바로 가져다 드릴게요.(식당의 웨이터들이 음식 주문을 받았을 때 자주 사용함)　　　　　• **be out of** (물품, 상품이) 바닥이 나다

03 We stayed friends.
우린 친구로 남았어.

#01 How can you stay friends with someone you once went out with?
어떻게 너는 사귀었던 사람이랑 친구로 남을 수가 있니?

#02 Why did you decided to be friends with her?
왜 그녀랑 친구로 남기로 한 거니?

#03 Really? I thought you guys are still going out.
정말? 난 너희가 아직도 사귄다고 생각했었는데.

04 What do you want me to do?
내가 무엇을 하기를 원하니?

#01 Well, I just want you to keep quiet.
음, 그냥 네가 조용히 있어줬으면 좋겠어.

#02 I want you to wash the dishes.
네가 설거지를 해주기를 바래.

#03 I want you to throw out the garbage.
네가 쓰레기를 버려주기를 바래.

어휘 / 표현정리

- **go out with A** A와 사귀다
- **throw out** 버리다
- **want someone to + V** 누군가가 ~을 하기를 원하다(바라다)
- **keep quiet** 조용히 하다
- **garbage** 쓰레기

05 He's freaking out.

그가 미친 듯이 화를 내고 있어.

#01 Yeah, why is he yelling at his girlfriend?

그러게, 왜 걔는 자기 여자친구한테 소리를 지르고 있는 거니?

#02 I can see that. What's wrong with him?

나도 보여. 쟤 왜 저러는 거야?

#03 If my girlfriend were cheating on me, I'd be freaking out, too.

만약 내 여자친구가 바람을 핀다면, 나도 역시 미친 듯이 화를 낼 거야.

06 It's not your fault.

그건 네 잘못이 아니야.

#01 No, it was my fault for letting them in.

아니야. 그들을 들여보낸 건 내 잘못이었어.

#02 Then, whose fault is it?

그러면, 누구의 잘못이니?

#03 I know, but I could have prevented it from happening.

나도 알아. 하지만 내가 그걸 막을 수도 있었어.

어휘 / 표현정리

- **freak out** 질겁하다, 미친 듯이 화를 내다 · **let someone in** 누구를 들여보내다
- **If + 주어 + be + 동사 / 일반동사 과거형 ~, 주어 + 조동사 과거형 + 동사원형 ~**
  만약 ~라면 ~할 거야.(불가능한 현실이나 현재와 반대되는 상황을 표현)

Review!

다음 각 A와 B의 대화문 빈칸에 들어갈 적절한 표현을 넣어보세요.
잘 기억이 나지 않는다고요? 그럼 앞으로 돌아가서 다시 복습하세요!

1. A : Next please. Hi. What can I get you?
    다음 손님이요. 안녕하세요. 뭘 드릴까요?

    B : ______________________________________
    딸기를 얹은 팬케이크 하나 주시겠어요?

2. A : ______________________________________
    내가 뭘 하길 바라는데?

    B : I want you to shut up and listen to me.
    입 다물고 내 말 좀 들었으면 좋겠어.

3. A : Hey, look outside. ___________________________
    야, 밖에 좀 봐. 눈이 오고 있어.

    B : Really? Oh, my god, it is.
    정말? 오, 진짜네.

4. A : Hey, don't blame yourself. ___________________________
    야, 스스로 비난하지 마. 그건 네 잘못이 아니잖아.

    B : It is, actually. 사실은 내 잘못이야.

5. A : ___________________________ even after we got divorced.
    우린 이혼한 후에도 친구로 지내기로 했어.

    B : What? Are you serious?
    뭐라고? 진심이야?

6. A : Josh found out that his girlfriend was cheating on him,
    and now ____
    조시는 여자친구가 자기 몰래 바람을 피우고 있었다는 걸 알았어. 그래서 지금
    미친듯이 화를 내고 있어.

    B : No kidding! Who was she having an affair with?
    정말? 걔 누구랑 바람을 피우고 있었던 거니?

01 Wanna take your shirt off?

너 셔츠 벗을래?

#01 No. It's not that hot in here.
아니. 안이 그렇게 덥지도 않아.

#02 What? Are you a perv?
뭐? 너 변태니?

#03 All right. And let's get a tan.
좋았어. 그리고 선탠 좀 하자.

02 I'm gonna go say hi.

가서 인사나 해야겠다.

#01 Do you want me to come with you?
내가 같이 가줄까?

#02 Okay. You go ahead. I will be here.
그래. 넌 가봐. 난 여기 있을게.

#03 If I were you, I wouldn't do that. He's not in a good mood.
내가 너라면, 그러지 않을 거야. 쟤 기분이 별로 안 좋거든.

어휘 / 표현정리

- Wanna ~?(=Want to ~?) ~할래?
- get a tan 선탠을 하다
- be in a good mood 기분이 좋다
- perv(=pervert) 변태
- say hi 인사를 하다

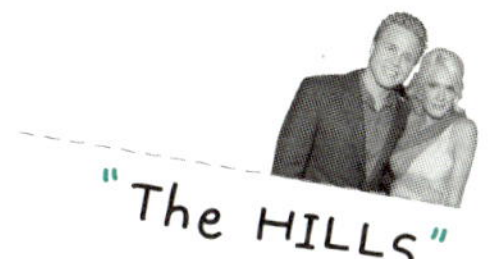

03 That's just retarded.
그건 그냥 덜 떨어진 짓이야.

#01 You're right. What kind of idiot would do that?
네 말이 맞아. 어떤 바보가 그런 짓을 하겠냐?

#02 Yeah, playing sick not to go to school? What is he, 7?
맞아, 학교에 가지 않으려고 아픈 척 하기? 걔 7살이야 뭐야?

#03 Yeah, he shouldn't have done that.
응, 걔는 그러지 말았어야 해.

04 Jason gets pissed off easily.
제이슨은 너무 쉽게 열 받아.

#01 Right. He needs to learn how to control his temper.
맞아. 걔는 화를 조절하는 방법을 배울 필요가 있어.

#02 Yeah, he is so sensitive.
응, 걔는 너무 민감해.

#03 Yeah, he is really hard to get along with.
응, 걔는 같이 어울리기 정말 힘들어.

어휘 / 표현정리

- **retarded** 미숙한, 덜 떨어진   - **idiot** 바보   - **play sick** 아픈 척하다
- **not to + V** ~하지 않는 것 or ~하지 않기 위해   - **get pissed off** 열 받다
- **get along with** ~와 잘 어울리다

05. I don't feel like arguing with him.
그랑 다투고 싶은 기분이 아냐.

#01 Yeah, you look so tired. You need to take a rest.
그래, 너 너무 피곤해 보여. 넌 휴식을 취할 필요가 있어.

#02 Yeah, just tell him to leave you alone.
그래, 그냥 그에게 널 내버려 두라고 말해봐.

#03 Neither do I. He's just so persistent.
나도 그럴 기분이 아냐. 걘 너무 고집이 세.

06. It's up to you.
그건 너한테 달렸어. / 네 마음대로 해.

#01 All right. Then, I will go with Plan B.
알겠어요. 그러면, 전 B계획으로 하겠습니다.

#02 Okay. just give me some time to think about it.
알았어. 내게 그것에 대해 생각해 볼 시간을 줘.

#03 I don't know. It's difficult to make a decision.
모르겠어요. 결정을 하는 것이 어려워요.

어휘 / 표현정리

- **feel like ~ing** ~하고 싶다
- **leave someone alone** 누구를 내버려두다.
- **up to someone** 누구에게 달린
- **argue** 다투다, 논쟁하다.
- **persistent** 완고한, 고집이 센
- **go with** ~에 따르다

# Review!

다음 각 A와 B의 대화문 빈칸에 들어갈 적절한 표현을 넣어보세요.
잘 기억이 나지 않는다고요? 그럼 앞으로 돌아가서 다시 복습하세요!

1. A : Look! There's Tony. _________________________ Wanna come?
   저기 봐. 토니다. 가서 인사나 해야겠다. 너도 갈래?

   B : No, I will just stay here.
   아니, 난 여기 있을래.

2. A : Do you want to go to the club or Karaoke?
   클럽 갈래, 아니면 노래방 갈래?

   B : _________________________ I don't care whatever.
   네 마음대로 해. 난 아무거나 상관없어.

3. A : Min-Su played sick not to go to the army.
   민수가 군대에 안 가려고 꾀병 부렸어.

   B : What? _________________________
   뭐? 그건 그냥 덜 떨어진 짓이다.

4. A : It's really hot in here. _________________________
   여기 정말 덥네요. 셔츠 벗을래요?

   B : Okay. I'm all sweating.
   그래요. 나 땀범벅이네요.

5. A : _________________________
   제이슨은 너무 쉽게 열 받아.

   B : Yeah, he has a short temper.
   맞아, 그는 다혈질이야.

6. A : Jimmy keeps calling me, but _________________________
   지미가 계속 전화해대는데, 난 걔랑 싸우고 싶은 기분 아니야.

   B : Then, don't answer his calls.
   그럼, 전화 받지 마.

Episode 09

01 You need a break from him.
넌 걔랑 떨어져 있을 필요가 있어.

#01 Actually, I am thinking of breaking up with him.
사실, 난 그랑 헤어지는 것을 생각하고 있었어.

#02 Yeah, I want to be with someone who loves me much.
응, 난 나를 많이 사랑해 주는 누군가와 있고 싶어.

#03 Yeah, he is not good enough for me.
응, 그는 내게 충분히 좋은 사람이 아니야.

02 I just don't know what to do.
난 뭘 해야 할지 모르겠어.

#01 Relax. You've still got plenty of time.
침착해. 너 아직 충분한 시간이 있어.

#02 I will tell you what to do. Stop thinking and just do it.
내가 네가 뭘 해야 할지 말해줄게. 생각은 그만하고 그냥 해.

#03 Don't worry. I am sure you will figure it out.
걱정하지 마. 난 네가 알아낼 거라고 확신해.

어휘 / 표현정리

- **break** 휴식, 중단
- **what to do** 무엇을 할지
- **not good enough for A** A에게 충분치 않은
- **think of ~ing** ~을 생각하다
- **figure out** 풀다, 생각해내다.

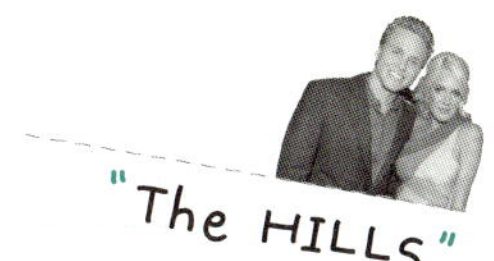

03 It's kind of gnarly.

그거 좀 죽이는데! / 그거 좀 너무한다.

Yeah, that scar on his face is really gnarly.
응, 그의 얼굴에 있는 상처 정말 죽여준다.

Yeah, it's gnarly to see everyone hates each other.
응, 모든 사람들이 서로를 미워하는 것을 보는 건 너무해.

Yeah, it's gnarly to get to be on the team with you.
응, 너와 함께 팀에 있게 되어 (기분이) 죽여준다.

04 I just have to stop thinking about it.

나 그것에 대해 그만 생각해야 해.

Yeah, just let it go.
응, 그냥 잊어버려.

Exactly. What's done is done. You can't change the past.
바로 그거야. 이미 엎질러진 물이야. 과거를 바꿀 수는 없어.

Yeah, it is no use crying over spilt milk.
그래, 이미 엎질러진 물이잖아.

어휘 / 표현정리

- **gnarly** 극단적으로 ~한 (긍정적, 부정적 상황에 모두 사용됨)
- **What's done is done.**(= It's no use crying over spilt milk.)
  (의역) 이미 엎질러진 물이다.
- **get to** (어떤 결과가) 되다

05 I will do whatever it takes.

무슨 짓이든 할게요.

#01 It's too late. You and I are over.
너무 늦었어. 너랑 나랑은 끝난 거야.

#02 Do you really mean it?
진심인가요?

#03 Even killing people?
사람들을 죽이는 것도?

06 I'm gonna go take a nap.

난 가서 낮잠이나 잘게.

#01 Yeah, go get some sleep. You look like hell.
그래, 가서 잠 좀 자. 너 꼴이 말이 아니다.

#02 Okay. What time do you want me to wake you up?
그래. 내가 몇 시에 깨워줄까?

#03 All right. I will wake you up when dinner's ready.
알았어. 저녁식사가 준비되면 깨워줄게.

어휘 / 표현정리

- **take a nap** 낮잠을 자다
- **wake someone up** ~를 깨우다
- **whatever it takes** 무슨 수를 써서라도, 무슨 대가를 치르더라도

Review!

다음 각 A와 B의 대화문 빈칸에 들어갈 적절한 표현을 넣어보세요.
잘 기억이 나지 않는다고요? 그럼 앞으로 돌아가서 다시 복습하세요!

1. A : I got bitten by a shark when I was young.
난 어렸을 때 상어한테 물렸어요.

   B : Really? ____
정말요? 그거 좀 죽이는데.

2. A : Mr. Simpson. Please give me another shot. _______________
심슨 씨. 제발 다시 한 번 기회를 주세요. 무슨 일이든 할게요.

   B : I'm sorry, Mr. Jackson. There's nothing I can do.
죄송합니다, 잭슨 씨. 저도 어쩔 수 없네요.

3. A : Mike's been a really bad boyfriend lately.
마이크는 요즘 진짜 나쁜 남친이었어.

   B : Yeah, I think _______________________________________
맞아, 내 생각엔 네가 걔한테서 떨어져 있어야 할 것 같아.

4. A : I'm so tired. _______________________________________
나 너무 피곤하다. 난 가서 낮잠 좀 잘게.

   B : Okay. I will wake you up in an hour.
그래. 한 시간 후에 깨워줄게.

5. A : I lost my house, my job and my family. _______________
난 집도 잃고, 직장도 잃고 가족도 잃었어요. 난 뭘 해야 할지 모르겠어요.

   B : Pull yourself together. I will always be here to help you.
잘 추스르세요. 제가 항상 여기서 도울게요.

6. A : The work is stressful. _______________________________
일 때문에 너무 스트레스 받아. 나 일에 대해 그만 생각해야 해.

   B : I think so, too. It's Sunday. Why don't we go to the pub?
그래야 할 것 같다. 일요일이잖아. 우리 술 마시러 가는 게 어때?

Episode 10

01 Good Luck!
행운을 빌게!

Thanks. I will give it my best shot.
고마워. 최선을 다할게.

Thanks. I will cross my fingers for you, too.
고마워. 나도 널 위해 행운을 빌게.

Thanks. Ooh, I am so nervous now.
고마워. 우, 나 지금 너무 떨린다.

02 Can I help you with something?
뭘 도와드릴까요?

Oh, I am just waiting for my friend to come out.
오, 전 그냥 친구가 나오길 기다리고 있는 중이었어요.

No, thanks. I am just browsing.
괜찮아요. 그냥 구경 중이에요.

No, it's okay. I am just looking around.
아뇨, 괜찮아요. 그냥 돌아보는 거예요.

어휘 / 표현정리

- **browse** (이것저것) 구경하다 • **wait for** ~를 기다리다 • **look around** 둘러 보다
- **do one's best shot** 최선을 다하다 • **cross one's fingers** 행운을 빌다

03 Shut up!
말도 안 돼! / 닥쳐!

#01 Don't tell me to shut up.
내게 닥치라고 말하지 마.

#02 No, it's true. Britney Spears is my aunt.
아냐, 진짜야. 브리트니 스피어스가 내 이모야.

#03 I'm not lying. I'm really going to Paris this week.
거짓말하는 거 아냐. 나 이번 주에 정말 파리에 가.

04 I feel like I am gonna throw up right now.
나 지금 토할 거 같은 기분이야.

#01 Hey, don't puke in the car. PULL OVER.
야, 차 안에서 토하지 마. 차 세워.

#02 Hang on. Let me get you a paper bag.
기다려. 내가 종이봉지 가져다줄게.

#03 Me, too. The food we ate must have been bad.
나도 그래. 우리가 먹은 음식이 상했었나 봐.

어휘 / 표현정리

- **throw up(=puke)** 토하다
- **pull over** (차를) 세우다
- **shut up** "닥쳐"란 뜻과 함께, 상대방이 믿기 어려운 말을 했을 때, 놀란 표정을 지으며 "shut up"이라고 할 경우 "거짓말" "말도 안 돼"란 의미가 된다.

Episode 10

05. I will miss you.
네가 그리울 거야.

#01 I will miss you, too.
나도 네가 그리울 거야.

#02 Me, too. I will call you tomorrow, okay?
나도 그래. 내일 전화할게, 알았지?

#03 Oh, sweetie. I'm gonna miss you too.
오, 자갸. 나도 네가 그리울 거야.

06. This whole year, it's been up and down.
올해는 기복이 심했어. / 올해는 좋은 일도 있고 나쁜 일도 있었어.

#01 Yeah, that's what life is all about.
그러게, 삶이란 게 그렇잖아.

#02 This year has been a roller coaster ride for me, too.
올해는 내게도 롤러코스터를 타는 것과 같은 한 해였어.

#03 But you kept on going. I respect you for that.
하지만 넌 계속 나아갔잖아. 그 점에 대해서 널 존경해.

어휘 / 표현정리

- **miss** 그리워하다   • **up and down** 기복이 있는   • **respect** 존경하다
- **sweetie** 보통 나이 많은 사람이 손아래 사람에게, 또는 애인 간에 정답게 서로를 호칭
할 때 사용.   • **keep on going** 계속 가다, 직진하다

Review!

다음 각 A와 B의 대화문 빈칸에 들어갈 적절한 표현을 넣어보세요.
잘 기억이 나지 않는다고요? 그럼 앞으로 돌아가서 다시 복습하세요!

1. A : ____

올해는 기복이 심했어.

B : Yeah, a lot of things happened since the start of the year.

그러게, 연초 이후로 정말 많은 일들이 있었네.

2. A : Hi, ____

안녕하세요. 뭘 도와드릴까요?

B : Oh, yes. I'm looking for a gift for my mom's birthday.

아, 예. 엄마 생신선물을 찾고 있는데요.

3. A : Honey, I'm leaving for an interview now.

자기야, 나 지금 인터뷰하러 가요.

B : Okay, ____

응. 행운을 빌어.

4. A : I'll call you when I get there.

내가 도착하면 전화할게.

B : Okay. ____

응. 보고 싶을 거야.

5. A : I'm dizzy and ____

어지럽고, 당장 토할 것 같아.

B : You need to see a doctor. I will go get my car.

너 병원에 가봐야겠다. 내가 차 가져올게.

6. A : I lost 10 kilos this week.

나 이번 주에 10키로 뺐어.

B : ____ You're lying.

말도 안 돼! 거짓말이지.

01 That doesn't work.
그건 안 통해.

#01 What makes you think so? We haven't even tried it yet.
왜 그렇게 생각하는데? 우린 아직 시도도 안 해봤잖아.

#02 No, you're wrong. I'm sure it'll work.
아니, 넌 틀렸어. 난 그게 통할 거라고 확신해.

#03 You're so pessimistic. Try to be more optimistic.
넌 너무 비관적이야. 좀 더 낙관적이 되려고 노력해봐.

02 We're way behind.
우린 너무 뒤쳐졌어.

#01 You're right. We have to work harder.
당신 말이 맞아요. 우린 더 열심히 일해야만 해요.

#02 Yeah, we should keep our pace with other teams.
응, 우리는 다른 팀들에 뒤지지 않도록 해야 해.

#03 Then, what should we do? The report is due this Friday.
그러면, 우리 뭘 해야 하지? 보고서는 이번 주 금요일까지라고.

어휘 / 표현정리

- **work** 통하다, 먹히다, 작동하다 • **pessimistic** 비관적인 • **optimistic** 낙관적인
- **due** 만기인, 기한이 완료되는 • **keep one's pace with** ~에 뒤쳐지지 않다

03 **Don't bug me.**
날 괴롭히지 마. / 날 귀찮게 하지 마.

#01 Ha. What are you gonna do about it?
하! 그럼 네가 어쩔 건데?

#02 Okay. I'll leave you alone.
알았어. 널 내버려 둘게.

#03 Hey, I've only asked you two times.
야, 나 두 번밖에 안 물어 봤어.

04 **I hate being single.**
난 싱글인 게 싫어.

#01 Me, too. When was the last time you had a boyfriend?
나도 그래. 너 마지막으로 남친이 있었던 게 언제니?

#02 Why? I love being single because I can have more freedom.
왜? 난 싱글인 게 좋아. 왜냐면 더 자유롭잖아.

#03 Then, why don't you join the speed date?
그럼, 스피드 데이트에 참여해보는 게 어때?

어휘 / 표현정리

- **bug** 괴롭히다, 귀찮게 하다
- **hate ~ing** ~인 것이 싫다
- **Why don't you~?** ~하는 게 어때?

05 Now, we're talking.
이제야 말이 통하는군.

#01 Good. Then, let's not go to see the game.
좋아. 그러면, 그냥 게임 보러 가지 말자.

#02 Right. We don't have to go to school. Let's skip!
맞아. 우리 학교 갈 필요 없어. 그냥 빼먹자!

#03 Okay. I'll go get some groceries. You prepare to cook.
알았어. 난 가서 식료품을 사올게. 넌 요리할 준비해.

06 I've got your back.
내가 네 뒤를 봐줄게. / 내가 있잖아.

#01 Thanks. You're the best.
고마워. 네가 최고야.

#02 Thanks. You're the one I can always count on.
고마워. 넌 내가 항상 의지할 수 있는 사람이야.

#03 Thanks. I knew you would be here for me.
고마워. 네가 날 위해서 여기 있어줄 줄 알았어.

어휘 / 표현정리

- **Now we're talking!(=Now we're talking the same language!)**
  이제야 말이 통하는군!
- **groceries** 식료품
- **skip** (학교, 수업을) 거르다, 빼먹다
- **count on** 의지하다, 믿다

Review!

다음 각 A와 B의 대화문 빈칸에 들어갈 적절한 표현을 넣어보세요.
잘 기억이 나지 않는다고요? 그럼 앞으로 돌아가서 다시 복습하세요!

1. A : Hey, ________________________________ I'm working here.
    야, 날 귀찮게 하지 마. 나 일하고 있잖아.

    B : I'm sorry. Don't get mad.
    미안해. 화내지 마.

2. A : Guys! Don't push yourselves too hard. Take it easy.
    얘들아, 너무 스스로 몰아붙이지 마. 여유를 가져.

    B : We can't help it. ________________________________
    어쩔 수 없어. 우리 너무 뒤처졌거든.

3. A : Do you want to go get some fast food?
    가서 패스트푸드 좀 먹을래?

    B : ________________________ Let's go to Macdonald's.
    이제야 말이 통하는군. 맥도날드로 가자.

4. A : I will fight Jason.
    나 제이슨이랑 싸울 거야.

    B : ________________________ When will you fight him?
    내가 네 뒤를 지켜줄게. 언제 싸울 건데?

5. A : All of my friends go married. ________________________
    내 친구들도 모두 결혼하고. 난 싱글인 게 싫어.

    B : I can set you up with one of my friends. What do you say?
    내가 내 친구 중에 한 명이랑 소개팅시켜 줄게. 어때?

6. A : We should just go straight to them and tell them the truth.
    우리 그냥 그들에게 직접 가서 진실을 말해야 해.

    B : ________________ We have to look for other approaches.
    그건 안 통해. 다른 방법을 찾아야 해.

01 Be on time.

제 시간에 와. / 늦지 마.

#01 I will. See you later.
그럴게. 나중에 보자.

#02 Okay. I'll come back at 9, sharp.
알았어. 정확히 9시 정각에 돌아올게.

#03 I will try, but I can't promise.
그래 볼게, 하지만 약속은 못하겠다.

02 I'm counting on you.

널 믿어.

#01 Yup, you can count on me.
그래, 넌 나만 의지해.

#02 Now I feel so pressured.
이제 너무 부담감이 느껴진다.

#03 I won't disappoint you. Never.
널 실망시키지 않을게. 절대로.

어휘 / 표현정리

- **on time** 정각에, 시간을 어기지 않고
- **feel pressured** 부담을 느끼다
- **count on** 믿다, 의지하다
- **disappoint** ~를 실망시키다

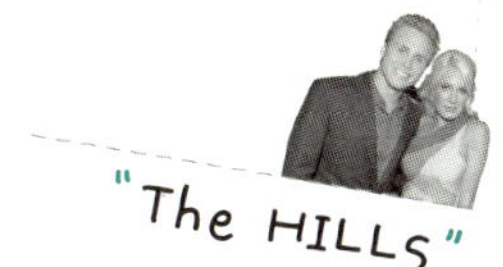

03 **You got all dressed up.**
너 쫙 빼 입었구나!

#01 Yeah. I have a date with Susan tonight.
응. 나 오늘 밤 수잔이랑 데이트가 있어.

#02 How do I look? Do I look presentable?
나 어때? 봐줄만 해?

#03 Yes, I did. Does my shirt go well with this tie?
응, 쫙 빼 입었지. 내 셔츠 이 타이랑 잘 어울리니?

04 **Can I scoot over?**
내가 좀 옆으로 가도 될까?

#01 Yes, you can scoot over.
그래, 옆으로 와도 돼.

#02 Sure. Just be careful not to step on my shoes.
물론이죠. 제 신발을 밟지 않도록 주의만 해주세요.

#03 No, it's already a sardine can. So, don't come closer to me.
아냐, 이미 너무 비좁아요. 그러니 제게 가까이 오지 마세요.

어휘 / 표현정리

- **got all dressed up** (옷을) 잘 차려 입다
- **go well with** ~와 잘 어울리다
- **presentable** 남 앞에 내놓을 만한, 봐줄 만한
- **scoot over** 좁혀 앉다
- **sardine can.** (정어리 통조림 마냥) 좁은

05. **I am glad you came.**
네가 와줘서 기뻐.

#01 Thanks. You look wonderful today.
고마워. 오늘 아주 아름답구나.

#02 Thanks for inviting us to your party.
우리를 네 파티에 초대해줘서 고마워.

#03 Thanks. You have a lovely house.
고마워. 집이 아주 예쁘군요.

06. **I had fun.**
재미있었어. / 즐거운 시간 보냈어.

#01 Well, I'm glad you had fun.
음, 네가 재미있었다니 나도 기쁘구나.

#02 That's great. Tell me how your date went.
잘됐네. 데이트가 어땠는지 내게 말해줘.

#03 I'm glad to hear that. Did you meet many interesting people?
그 말 들으니 기쁘구나. 많은 재미있는 사람들을 만났니?

어휘 / 표현정리

- **I'm glad (that) S + V** (~라는 것이) 기쁘다
- **I'm glad to + v** (~해서, ~하게 되어서) 기쁘다
- **lovely** 사랑스러운, 예쁜
- **go** 진행되다, 펼처지다

Review!

다음 각 A와 B의 대화문 빈칸에 들어갈 적절한 표현을 넣어보세요.
잘 기억이 나지 않는다고요? 그럼 앞으로 돌아가서 다시 복습하세요!

1. A : ___________________________
   내가 좀 옆으로 옮겨도 돼?

   B : No, you can't. I don't have enough room.
   아니, 안 돼. 나도 충분한 공간이 없어.

2. A : Mr. Smith. ___________________________
   스미스 씨. 와줘서 기뻐요.

   B : Listen. I'm only here because you told me it involves the safety of my daughter.
   이봐. 난 단지 이 일이 내 딸의 안전과 관련이 있다고 해서 온 것뿐이야.

3. A : ___________________________
   제 시간에 와.

   B : Don't worry. I won't be late.
   걱정 마. 안 늦을게.

4. A : Hey, look at you. ___________ What's the occasion?
   야, 너 좀 봐. 쫙 빼 입었네. 무슨 일이야?

   B : I have a job interview today.
   오늘 회사 면접이 있어.

5. A : James. ___________________________
   제임스. 난 너만 믿어.

   B : Don't count on me too much, my friend.
   나한테 너무 의지하지 마, 친구야.

6. A : How did the party go?
   파티는 어땠어?

   B : It was great. ___________________________
   좋았어. 재밌었어.

01 I've been so + 형용사 : 전 (그동안) 너무 ~해 왔어요.

I've been so **lonely.**　전 (그동안) 너무 외로웠어요.
I've been so **busy.**　전 (그동안) 너무 바빴어요.

Speak Yourself!　전 (그동안) 너무 운이 좋았어요. (lucky)

02 I'm gonna + 동사 : 난 ~할 거에요.

I'm gonna **go home now.**　나 이제 집에 갈 거예요.
I'm gonna **be a different person.**　전 다른 사람이 될 거예요.

Speak Yourself!　당신에게 이걸 줄게요. (give you this)

03 I have to + 동사 : 난 ~해야 해.

I have to **go anyway.**　어쨌든 난 가야 해.
I have to **finish this tonight.**　난 오늘 밤 이거 끝내야 해.

Speak Yourself!　나 운동해야 해. (work out)

Answer　1. I've been so lucky.　2. I'm gonna give you this.　3. I have to work out.

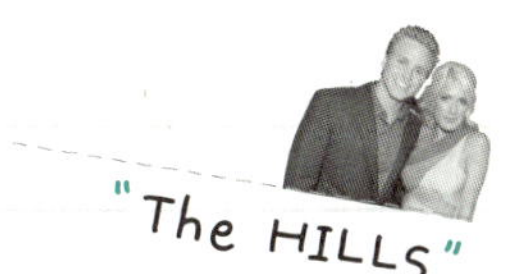

04 This is where I + 동사 : 여기가 제가 ~하는 곳이에요.

This is where I **work.**　여기가 제가 일하는 곳이에요.
This is where I **live.**　여기가 제가 사는 곳이에요.

Speak Yourself!　여기가 제가 태어난 곳이에요. (was born)

05 There is no + 명사 : ~가(는,이) 없어요.

There is no **beer.**　맥주가 없어요.
There is no **computer in the room.**　방에 컴퓨터가 없어요.

Speak Yourself!　제 지갑에 돈이 없어요. (money in my wallet)

06 Here's to + 명사 : ~를 위하여!

Here's to **our new business.**　우리의 새 사업을 위하여!
Here's to **our love.**　우리의 사랑을 위하여!

Speak Yourself!　제 사랑스런 아내를 위하여. (my lovely wife)

---

4. This is where I was born.　5. There is no money in my wallet.　6. Here's to my lovely wife.

07 I used to + 동사 : 전 ~ 하고는 했었어요.

I used to **work here**　　　　　전 여기서 일하곤 했었어요.

I used to **hang out with Jack.**　전 잭하고 어울리곤 했었어요.

Speak Yourself!　전 아침에 조깅을 하곤 했었어요. (jog in the morning)

08 We couldn't have + 과거분사 : 우리가 ~할 수는 없었을 거야.

We couldn't have **done it without your help.**
우리가 네 도움 없이 그것을 할 수는 없었을 거야.

We couldn't have **been happier.**
우리가 더 행복할 수는 없었을 거야.

Speak Yourself!　우리가 그것보다 더 낫게 말할 수는 없었을 거야. (say it better)

09 When was the last time + 주어 + 동사 : 마지막으로 ~한 게 언제지?

When was the last time **it snowed?**　마지막으로 눈 온 게 언제지?

When was the last time **we met?**　마지막으로 우리가 만난 게 언제지?

Speak Yourself!　마지막으로 너와 그와 말한 게 언제지? (you talked to him?)

Answer　7. I used to jog in the morning. 8. We couldn't have said it better. 9. When was the last time you talked to

10 **I want you to** + 동사 : 난 네가 ~ 하길 원해.

I want you to **wash the dishes.** 난 네가 설거지를 하길 원해.
I want you to **be quiet.** 난 네가 조용히 하길 원해.

Speak Yourself! 난 네가 나랑 같이 가길 원해. (come with me)

11 **It's no use of** + 동사 ing : ~해도 소용없어.

It's no use of **crying over spilt milk.** 엎질러진 일 후회해도 소용없어.
It's no use of **worrying about it.** 그 일 걱정해도 소용없어.

Speak Yourself! 노력해도 소용없어. (try)

12 **Be careful not to** + V : ~하지 않도록 조심해.

Be careful not to **step on my shoes.** 내 신발 밟지 않도록 조심해.
Be careful not to **make a mistake.** 실수하지 않도록 조심해.

Speak Yourself! 그녀를 울리지 않도록 조심해. (make her cry)

---

10. I want you to come. 11. It's no use of trying. 12. Be careful not to make her cry.

ONE TREE HILL은 이런 미드다!

앞의 The O.C와 Gossip Girl이 각각 LA의 Orange County와 New York의 Upper East Side에 거주하는 미국의 상류층 청소년들의 밝고 화려한 삶의 모습에 초점이 맞춰져 이야기가 진행이 된다면, 미드 One Tree Hill은 Tree Hill이란 가상의 마을을 배경으로 미국의 일반 서민 백인 가정 학생들에게 벌어질 수 있는 다양한 주제의 이야기들을 흥미롭게 다루고 있습니다. 특히, 여성분들은 이 드라마를 통해서 전 세계적인 스타로 성장한 Chad Michael Murray의 우울한 듯 하면서 우수에 젖은 모습을 마음껏 즐길 수 있다는 장점이 있지요.

드라마는 혼전 임신으로 태어나 어머니와 단 둘이 살아가는 Lucas와 아버지가 다른 여자와 결혼을 한 후 태어난 아들인 Nathan을 중심으로 이야기가 펼쳐집니다. 서로를 괴롭히던 이들이 함께 농구를 하며 서로를 이해하고 친구가 되는 과정이 다양한 에피소드들과 함께 펼쳐집니다. 농구가 주 소재로 등장하는 드라마라 여성분들보다는 남성분들이 좀 더 재미있게 볼 수 있는 드라마라고 생각할 수도 있지만, 농구는 어떻게 보면 소재에 불과하고 대부분의 내용이 네 명의 남녀 주인공들을 중심으로 미국의 젊은이들이 많이 겪는 문제들인 사랑, 친구 문제, 혼전임신, 낙태 등의 자극적인 소재들로 이루어져 있기 때문에 남녀 구분 없이 재미있게 볼 수 있는 미드 중 하나입니다.

드라마 One Tree Hill과 관련한 더 많은 내용들을 알고 싶으면 다음 사이트들을 방문해 보세요. 공식 홈페이지에서부터 팬들이 만든 팬 사이트까지 One Tree Hill에 관한 다양한 사진 및 영상 자료들이 있으니 심심할 때 한 번씩 방문해서 살펴보는 것도 여러분의 영어 공부에 도움이 될 겁니다.

- cmtv.com/shows/one-tree-hill
- www.onetreehillweb.net
- www.oth-music.com
- treehillfan.com
- www.onetreehillfans.com

One Tree Hill의
등장인물

루카스 Lucas

임신한 어머니를 버리고 다른 여자와 결혼한 아버지 Dan의 냉정함으로 인해 어릴 적부터 어머니와 단 둘이 자라온 청년이다. 잘 나가던 농구선수였던 아버지의 유전자를 물려받아 농구에 뛰어난 자질을 보인다. 다소 반항아적이며 우울한 캐릭터로, 배다른 동생인 Nathan의 여자친구인 Peyton을 좋아한다.

페이튼 Peyton

학교 농구부의 치어리더이지만, 어머니는 어릴 적 돌아가시고, 전 세계로 일을 하러 다니는 아버지 때문에 혼자서 지내는 다소 외롭고 외골수적인 캐릭터다. Nathan의 여자친구지만 시간이 지날수록 Lucas의 매력에 빠져든다.

네이든 Nathan

Lucas와 그의 엄마를 버린 Dan이 그 해 대학교에서 만난 여자와 결혼하여 낳은 아들이 바로 Nathan이다. 학교생활 중 사사건건 Lucas를 괴롭힌다. 역시 아버지의 유전자를 물려받아, 농구에 뛰어난 자질을 보이며 학교 농구부의 에이스로 활약을 하지만, 후에 Lucas가 팀에 가입하자 그와 피를 튀기는 경쟁을 벌인다.

브룩 Brook

Peyton의 가장 절친한 친구로 Lucas를 좋아하게 되며, 후에 Lucas와 사귀게 된다. 하지만 서로를 잊지 못한 채 끌리는 Peyton과 Lucas로 인해 원치 않는 삼각관계에 빠지게 되고, 그로 인해 상처받는 캐릭터이다.

댄 Dan

고등학교를 졸업하자마자 사귀던 여자친구가 임신을 하게 되자 그녀를 버리고 대학에 가버린 냉정한 인물로, 대학에서 만난 여자를 바로 그해 임신시켜 결혼까지 하게 된 정말 황당한 인물이다. 못다 이룬 자신의 농구에 대한 열정을 아들인 Nathan을 통해서 이루고자 하며, Lucas를 아들로 여기지 않고 벌레 보듯 무시하는 냉혈인이다.

Episode 01

01 Look out!
조심해!

#01 Thanks. You saved my life.
고마워. 네가 내 목숨을 구했어.

#02 What was that? Did somebody just throw a stone at me?
그거 뭐였어? 지금 누군가가 내게 돌을 던진 거니?

#03 Oh, that was close.
오, 아슬아슬했어.

02 She almost ran me over.
그녀가 거의 (차로) 날 칠 뻔했어.

#01 Do you think she did it on purpose?
넌 그녀가 일부러 그랬다고 생각하니?

#02 Yeah, I saw that. That was very close.
응, 나도 봤어. 정말 거의 칠 뻔했어.

#03 That woman must have been drunk-driving.
그 여자 음주운전한 게 틀림없어.

어휘 / 표현정리

- **save** 구하다
- **run over** (차로) ~을 치다
- **on purpose** 일부러, 고의로
- **throw something at** 무엇을 ~에게 던지다
- **drunk-drive** 음주 운전하다
- **close** 근소한 차의 (어떤 상황이 거의 일어날 뻔 했을 때 "That was close!"란 표현을 많이 사용함)

03 It smells good in here.
여기 좋은 냄새가 나는데.

#01 It's because I'm baking chocolate cake now.
왜냐면 내가 지금 초콜릿 케이크를 만들고 있거든.

#02 It's because of these scented candles. Do you like it?
이 향기 나는 초 때문이야. 맘에 들어?

#03 Does it? I cannot smell anything.
그래? 난 아무 냄새도 안 나는데.

04 Luke is on fire tonight.
루크가 오늘 밤 날아다니는데.

#01 Yeah, he has already scored 50 points.
응, 그는 벌써 50점이나 득점했어.

#02 Yeah, he is unstoppable. He is dominating the game.
응, 그는 막을 수가 없어. 그가 게임을 지배하고 있다고.

#03 Yeah, all the scouters will be drooling over him.
응, 모든 스카우터들이 그에게 침을 흘릴 거야.

어휘 / 표현정리

- **bake** 굽다
- **because of + N** ~ 때문에
- **dominate** 지배하다
- **It's because S+ V** ~ 때문이다
- **on fire** (상태, 능력이) 날아다니는
- **drool over** ~에 침을 흘리다

Episode 01

05. Don't bother showering tonight.
오늘 밤은 (괜히 귀찮게) 샤워 안 해도 돼.

#01 But, I smell really bad.
하지만, 나 냄새가 정말 심해.

#02 Can I at least change my underwear?
최소한 속옷은 갈아입을 수 있죠?

#03 Why? Did the water get cut off again?
왜요? 물 또 끊겼어요?

06. I couldn't take my eyes off him.
그에게서 눈을 뗄 수가 없었어.

#01 Yeah, he's a real catch.
그래, 걔는 정말 킹카야.

#02 Oh, my god. You love him, don't you?
오, 이런 세상에. 너 그를 사랑하는구나, 그렇지?

#03 Wake up! He is way out of your league.
정신 차려! 걔는 네가 넘볼 수 있는 수준이 아니야.

어휘 / 표현정리

- **Don't bother ~V ing** (괜히 귀찮게) ~안 해도 된다
- **out of one's league** ~의 수준이 아닌
- **get cut off** 끊기다
- **catch** 킹카, 퀸카

Review!

다음 각 A와 B의 대화문 빈칸에 들어갈 적절한 표현을 넣어보세요.
잘 기억이 나지 않는다고요? 그럼 앞으로 돌아가서 다시 복습하세요!

1. A : ____
   조심해!

   B : Shit. I was almost hit by a car. Thank you.
   이런. 차에 칠 뻔했잖아. 고마워.

2. A : _________________________ Are you cooking, mom?
   여기 좋은 냄새가 나는데요. 엄마, 요리해요?

   B : Yes, I'm cooking your favorite food, BBQ Pizza!
   응. 네가 제일 좋아하는 바비큐 피자 만들고 있어.

3. A : I saw a guy on the bus, and ____________________
   버스에서 한 남자를 봤는데, 눈을 뗄 수가 없었어.

   B : Really? Was he that handsome? Do you know his name?
   정말? 그렇게 잘생겼어? 이름은 알아?

4. A : ____
   루크가 오늘 밤 날아다니는데.

   B : Yeah, he will become the man of the match.
   그러게. 그가 이번 경기 최우수 선수가 될 것 같아.

5. A : _________________________ The water got cut off.
   오늘 밤은 귀찮게 샤워 안 해도 돼. 물이 끊겼거든.

   B : Good. Then, I can go straight to bed.
   잘됐어. 그럼, 그냥 바로 잘 수 있겠다.

6. A : I think she was dozing. ____________________________
   내 생각에 그녀가 졸고 있었던 것 같아. 그녀가 거의 날 칠 뻔했거든.

   B : She probably didn't see you crossing the street.
   그녀는 네가 길 건너고 있는 걸 못 봤을 거야.

01 That's a little played out.

그건 약간 질려(진부해 / 구식이야).

#01 What are you talking about? This movie is a masterpiece.
무슨 소리하는 거야? 이 영화는 걸작이라고.

#02 I don't think it's played out.
난 그게 구식이라고 생각하지 않아.

#03 It might be. But it's still fun, isn't it?
그럴 수도 있어. 하지만, 여전히 재미있잖아, 그렇지 않니?

02 I was joking.

나 농담하는 거였어.

#01 It's not a joke if it hurts someone's feelings.
만약 누군가의 감정을 상하게 한다면 그건 농담이 아니야.

#02 No, you were not. You were just making fun of me.
아니, 그렇지 않아. 넌 그냥 날 놀려대는 거였어.

#03 (sarcastically) Yeah, very funny.
(빈정대며) 그래, 퍽이나 재미있다.

어휘 / 표현정리

- **played out** 진부한, 구식인, 질리는 · **masterpiece** 걸작, 명작
- **Joke** 농담, 농담하다 · **make fun of** ~ 을 놀리다 · **If S+ V** 만약 ~ 라면

03 Do you mind if I ask you a question?
제가 질문해도 괜찮을까요?

#01 Shoot.
말해봐.

#02 Go ahead.
해봐. / 말씀하세요.

#03 No, I don't mind. Ask me any questions you want.
괜찮습니다. 원하시는 거 다 제게 물어보세요.

04 Knock it off.
그만해.

#01 Why? You are not enjoying it?
왜? 넌 재미없니?

#02 Come on, relax. We're just having fun.
왜 그래, 진정해. 우린 그냥 즐겁게 노는 거야.

#03 Whatever you say.
분부대로 하죠.

어휘 / 표현정리

- **Do you mind if~** ~해도 괜찮을까요? (괜찮을 경우에는 No, 싫을 경우에는 Yes라고 대답한다)
- **shoot** 어서 말해
- **Whatever you say.** (직역) 당신이 하는 말은 뭐든지요.

05 You gotta shake it off.
그만 털어버려. / 그만 잊어버려.

#01 What if I can't do it?
내가 그렇게 못하면 어떡하지?

#02 It's easy for you to say.
너는 말하기가 쉽지.

#03 Believe me. I am trying but it's not that easy.
내 말 믿어. 나도 노력은 하는데 그렇게 쉬운 게 아니야.

06 He was hitting on my girlfriend.
그가 내 여자친구를 찝쩍대고 있었어.

#01 What an asshole! So what did you do?
그런 죽일 놈이 있나. 그래서 넌 어떻게 했니?

#02 Unbelievable. You really should kick his ass someday.
믿을 수가 없군. 넌 언젠가 정말 그 자식 된통 혼내줘야겠다.

#03 Yeah, I saw that. I think he was way too drunk.
응, 나도 봤어. 내 생각에 걔가 너무 많이 취했던 것 같아.

어휘 / 표현정리

- **gotta(=got to)** ~해야만 한다
- **asshole** (욕) 멍청한 자식, 죽일 놈
- **shake off** (근심, 걱정을) 털다
- **kick one's ass** ~를 혼내주다

# Review!

다음 각 A와 B의 대화문 빈칸에 들어갈 적절한 표현을 넣어보세요.
잘 기억이 나지 않는다고요? 그럼 앞으로 돌아가서 다시 복습하세요!

1. A : Excuse me. ______________________________
    실례합니다. 제가 질문해도 될까요?

    B : No, not at all. What's the question about?
    네, 그러세요. 무슨 질문인데요?

2. A : Jack. Do you want to play hide and seek with us?
    잭. 우리랑 숨바꼭질할래?

    B : Hide and sick? I think ______________________
    숨바꼭질? 그건 좀 한물 간 거 같은데.

3. A : Why did you punch him?
    너 그를 왜 때렸니?

    B : Because ______________________________
    걔가 내 여친한테 찝쩍대고 있었단 말야.

4. A : I know you're going through a tough time. But ________
    네가 힘든 시기를 보내고 있는 건 알지만, 그만 털어버려.

    B : Yeah, I'm doing my best not to think about it.
    응, 생각 안 하려고 노력하고 있어.

5. A : Hey, don't get mad at me. ______________________
    야, 나한테 화내지 마. 농담한 거야.

    B : I don't find your joke amusing. So stop it.
    난 그 농담 재미없으니까, 그만해.

6. A : ______________________ You are now giving me a headache.
    그만 좀 해. 너 때문에 머리 아파 죽겠다.

    B : I'm sorry. I will stop running around the house.
    미안. 그만 뛰어다닐게.

01 Hang in there.
버텨. / 견뎌.

#01 I know, but the class is really boring.
나도 알아요, 하지만 수업이 정말 지겨워요.

#02 Don't worry. Hazing is nothing.
걱정하지 마요. 괴롭힘은 아무것도 아니에요.

#03 Yeah, no matter what, I will never quit.
응, 무슨 일이 있어도, 난 절대 포기하지 않을 거야.

02 Don't get me wrong.
내 말 오해하지 마.

#01 I am not getting you wrong and I know what you mean.
난 널 오해하고 있는 게 아니고, 무슨 말 하는지도 알고 있어.

#02 Then, clarify yourself again.
그럼, 다시 명확하게 얘기를 해봐.

#03 I know what you mean, but you could've said it in a nicer way.
네가 무슨 말 하는지, 하지만 좀 더 좋게 말할 수도 있었잖아.

어휘 / 표현정리

- **boring** 지겨운, 재미없는 · **hazing** (신입생에 대한) 괴롭힘 · **quit** 그만두다
- **get someone wrong** ~를 오해하다
- **could have + p.p** ~할 수 있었다(가정법 표현)

03 I owe you an apology.

내가 사과할게. / 사과할게 있어.

#01 Yeah, you really hurt my feelings.
응, 너 정말 내 감정을 상하게 했어.

#02 Yeah, you shouldn't have yelled at me like that.
응, 너 그런 식으로 내게 소리칠 필요 없었잖아.

#03 So do I.
나도 사과할게 있어.

04 That's the way it is.

다 그런 식이지 뭐. / 세상 돌아가는 게 그렇지 뭐.

#01 But I don't like the way it is.
하지만 난 그런 식인 게 싫다고요.

#02 So you're just going to sit there and do nothing?
그래서 너 그냥 그렇게 거기 앉아서 아무것도 안 할라고?

#03 Yeah, we cannot change the way the world works.
응, 우리가 세상이 돌아가는 방식을 바꿀 수는 없지.

어휘 / 표현정리

- **yell** 소리 지르다
- **the way S + V** S가 V하는 방식
- **owe someone an apology** ~에게 사과할 것이 있다
- **should have + p.p** ~했어야만 했다

05 No chance.
그럴 가능성 없어. / 안 돼.

#01 Yeah, not a chance.
그래, 그럴 가능성 없지.

#02 Why do you think he doesn't stand a chance?
넌 왜 그가 가망이 없다고 생각하는데?

#03 Yeah, it's almost like a mission impossible.
그래, 거의 불가능한 임무와 같은 거지.

06 Take it or leave it.
(하든지 말든지) 마음대로 하세요.

#01 Okay. I will buy it for 300 dollars.
알겠어요. 300달러에 그것을 사겠습니다.

#02 What if I don't take it?
만약 내가 싫다면요?

#03 I will leave it, then.
그럼 그냥 안 하겠습니다.

어휘 / 표현정리

- **stand a chance** 가능성이 있다
- **What if S + V** ~라면 어쩌죠?
- **no chance(= not a chance)** 가능성 없다, 안 된다

Review!

다음 각 A와 B의 대화문 빈칸에 들어갈 적절한 표현을 넣어보세요.
잘 기억이 나지 않는다고요? 그럼 앞으로 돌아가서 다시 복습하세요!

1. A : I don't wanna be here. Can we just go home?
   나 여기 있고 싶지 않아. 우리 집에 가면 안 될까?

   B : ___________________________________ It's almost over.
   좀만 더 버텨. 거의 끝났어.

2. A : This scenario is the best I can come up with. ___________
   이게 내가 생각해낼 수 있는 최고의 시나리오야. 하든지 말든지 마음대로 해.

   B : Okay. I will call you when I'm done reading it.
   알았어. 내가 다 읽고 전화 줄게.

3. A : You don't wanna hang out with me, right?
   너 나랑 놀기 싫은 거지, 그지?

   B : ___________ It's not like that. It's kind of complicated.
   오해하지 마. 그런 게 아냐. 좀 복잡해.

4. A : Mr. Porter got promoted again.
   포터 씨가 또 승진했어.

   B : The boss' son? ___________________________________
   사장 아들? 세상 돌아가는 게 그렇지 뭐.

5. A : Do you think Mr. Park will be transferred to another team?
   박 씨가 다른 팀으로 보내질 것 같아?

   B : ___________________________________ It will never happen.
   그럴 리가. 그런 일은 안 생길거야.

6. A : Jimmy. ___________________ I'm sorry I called you an idiot.
   지미. 너한테 사과할게 있어. 바보라고 불러서 미안해.

   B : It's okay. I already forgot it.
   괜찮아. 난 벌써 잊어버렸어.

01 It's not like I was trying to show off.
내가 잘난척하려고 그랬던 건 아니야.

#01 What were you trying to do, then?
그러면 뭘 하려고 했던 건데?

#02 Stop lying. You are such a show-off.
거짓말 하지 마. 넌 정말 잘난척쟁이야.

#03 I know you. Showing off is the only thing that you have in mind.
내가 널 알아. 잘난척하는 것은 네 맘속에 있는 유일한 거잖아.

02 I really need your help.
나 정말 네 도움이 필요해.

#01 What's going on? You're all sweating.
무슨 일이야? 너 엄청 땀 흘리고 있잖아.

#02 I am sorry, but I cannot help you.
미안하지만, 난 널 도와줄 수가 없어.

#03 Okay, what is it?
그래, 뭔데?

어휘 / 표현정리

- **It's not like S+V** S가 V하려고 한 것은 아니다
- **show off** 잘난척하다
- **have something in mind** ~을 염두에 두고 있다, ~을 생각하다
- **sweat** 땀을 흘리다

03 Don't put up with that.

그거 참지 마.

#01 So, do you want me to just walk away?
그러면, 넌 내가 그냥 도망가길 원하니?

#02 I have to. It became a part of my life.
난 참아야 해. 그건 내 인생의 일부가 되어 버렸어.

#03 Then, what should I do?
그럼, 내가 어떻게 해야 하는데?

04 I am sorry I went off.

내가 화낸 거 미안해.

#01 I don't know if you're feeling really sorry or not.
응, 너 정말 그러지 말았어야 해.

#02 I didn't know you would lose your temper so easily.
난 네가 그렇게 쉽게 화를 낼 줄은 몰랐어.

#03 It's okay. It was my fault anyway.
괜찮아. 어쨌든 내 잘못이었으니까.

어휘 / 표현정리

- **put up with** ~을 참다
- **walk away** 도망가다, 떠나다
- **go off** (감정이) 폭발하다
- **lose one's temper** 화내다

05 Like father, like son.
그 아버지에 그 아들이군요.

#01 After all, blood is thicker than water.
결국, 피는 물보다 진하잖아요.

#02 Yeah, not only do they look alike, but also they act alike.
네, 외모만 닮은 게 아니라, 행동도 똑같죠.

#03 Tell me about it.
내 말이 그 말이야.

06 You are an ass.
넌 정말 왕재수야.

#01 What did you just call me?
너 지금 날 뭐라고 불렀냐?

#02 No, you are an ass.
아니, 네가 왕재수야.

#03 Take it back, or I am going to beat you up.
그 말 취소하지 않으면 널 패버리겠어.

어휘 / 표현정리

- **after all** 어쨌든, 결국
- **ass** (욕) 왕재수, 개자식
- **not only A but also B** A뿐만이 아니라 B도 역시
- **Tell me about it.** 동감이야, 누가 아니래
- **beat someone up** ~를 패다, 때리다

Review!

다음 각 A와 B의 대화문 빈칸에 들어갈 적절한 표현을 넣어보세요.
잘 기억이 나지 않는다고요? 그럼 앞으로 돌아가서 다시 복습하세요!

1. A : John speaks just like his father!
    존은 제 아빠랑 똑같이 말해요.

    B : Yeah, _______________________________________
    그러게요, 정말 그 아버지에 그 아들이네요.

2. A : Hey, don't get me wrong. _______________________
    야, 오해하지 마. 내가 잘난척하려고 그랬던 건 아니야.

    B : Then, what were you trying to do?
    그럼 뭘 하려고 그런 건데?

3. A : _______________ You know, I'm just stressed these days.
    내가 화낸 거 미안해요. 알다시피, 내가 요즘 좀 스트레스를 많이 받아서요.

    B : It's okay. I think you just need to get some rest.
    괜찮아요. 당신 좀 휴식이 필요한 것 같아요.

4. A : _______________________________ We all hate you.
    너 진짜 왕재수야. 우린 네가 정말 싫어.

    B : I don't care. I hate you guys, too.
    상관 안 해. 나도 너희들 정말 싫어.

5. A : Listen. _______________________________________
    있잖아. 나 정말 네 도움이 필요해.

    B : I'm sorry. I'm not in a position to help you right now.
    미안해. 내가 지금 널 도울 수 있는 처지가 아니야.

6. A : Tony keeps calling me names.
    토니가 자꾸 날 놀려.

    B : _______________________ Show him who the boss is.
    참지 마. 누가 진짜 강한지 그에게 보여줘.

Episode 05

01 It's not fair.
그건 불공평해요.

#01 Who told you life is fair?
누가 삶이 공평하다고 말하던?

#02 Deal with it. Life is not always fair.
견뎌. 삶이 항상 공평한 것은 아냐.

#03 Suck it up. Don't act like a kid.
참아. 애처럼 굴지 마.

02 There's nothing you can do about it.
그것에 대해 네가 할 수 있는 것은 없어.

#01 I know. I feel so useless.
나도 알아. 내가 너무 쓸모없게 느껴져.

#02 Even so, I am not giving up.
그렇다고 해도, 난 포기하지 않아요.

#03 You're wrong. Just watch me.
넌 틀렸어. 내가 하는 걸 지켜봐.

어휘 / 표현정리

- **fair** 공평한
- **useless** 쓸모없는, 헛된
- **Deal with it.(=Suck it up.)** 견뎌, 참아
- **give up** ~을 포기하다

03 That's just worth the risk for me.
그건 내겐 위험을 걸만한 가치가 있어.

#01 No, I don't think it's worth the risk.
아니, 난 그게 위험을 걸만한 가치가 있다고 생각하지 않아.

#02 Think about it again. It's not worth it.
다시 생각해봐. 그럴만한 가치가 없다고.

#03 You are making a mistake, dude.
너 실수하는 거야, 친구.

04 You all right?
너 괜찮니? / 당신 괜찮아요?

#01 Yeah, I think I am. Thanks for asking.
네, 괜찮은 것 같아요. 물어봐줘서 고마워요.

#02 No, I am not. I think I sprained my ankle.
아니요, 괜찮지 않아요. 발목을 삔 것 같아요.

#03 My stomach hurts. Can you take me to the hospital?
배가 아파. 날 병원에 데려다 줄 수 있어?

어휘 / 표현정리

- **worth** ~할 가치가 있는
- **risk** 위험, 모험
- **dude** 친구, 이 봐
- **thanks for ~V ing** ~해줘서 고마워요
- **sprain** ~을 삐다
- **take someone to A** ~를 A로 데려다 주다

05 I will catch up with you later.

다음에 보자! / 이따가 보자!

#01 Okay. I will see you later.
그래. 나중에 보자.

#02 Yeah, see you at the club.
응, 클럽에서 보자.

#03 Okay. Have fun with your girlfriend.
그래. 여자친구랑 재미있게 보내.

06 Let's see what you got.

네가 뭘 할 수 있는지 한번 보자.

#01 You don't know who you're messing with right now.
너 지금 누구한테 까부는지 모르고 있구나.

#02 You really wanna do this?
넌 정말 한번 해보고 싶은 거야?

#03 Don't get surprised.
놀라지 말라고.

어휘 / 표현정리

- **catch up with** 따라잡다, ~를 따라가다.
- **mess with** (~에게, ~와) 까불다, 시비 걸다
- **right now** 바로 지금
- **get surprised** 놀라다

다음 각 A와 B의 대화문 빈칸에 들어갈 적절한 표현을 넣어보세요.
잘 기억이 나지 않는다고요? 그럼 앞으로 돌아가서 다시 복습하세요!

1. A : I gotta go. _______________________________
나 가봐야 해. 이따가 보자.

   B : All right. See you at the party.
그래. 파티에서 봐.

2. A : Hey, _________________________ You look like hell today.
야. 너 괜찮아? 너 오늘 완전 폐인 같아.

   B : Yeah, I'm fine. I'm just a little tired.
응, 괜찮아. 그냥 좀 피곤해서 그래.

3. A : Professor Gibson gave Jenny an extension of three
more days. 깁슨 교수님이 제니에게 3일 더 연장해줬어.

   B : _____________________ What about the other students?
그건 불공평하잖아. 다른 학생들은 어쩌고?

4. A : Are you really going to disclose the truth about him?
너 정말 그에게 진실을 폭로할거야?

   B : Yeah, _________________ I might be seen as a hero.
응, 그건 내겐 위험을 걸만한 가치가 있어. 내가 영웅으로 보일 수도 있잖아.

5. A : You wanna fight? All right. ___________________________
너 싸우고 싶어? 좋아. 네가 뭘 할 수 있는지 한번 보자.

   B : I'm gonna kick your ass!
내가 너 가만두지 않을 거야.

6. A : You can't stop me. _______________________________
넌 날 막을 수가 없어. 그것에 대해 네가 할 수 있는 것은 없어.

   B : Please give it a second thought. It's just not right.
제발 다시 한번 생각해봐. 그건 정말 옳지 않아.

Episode 06

01 Let's go somewhere and get wasted.

어디 가서 코가 삐뚤어지게 마셔보자!

#01 Okay. Let's roll!

그래요. 갑시다!

#02 Sorry, but I am on the wagon now.

미안하지만, 나 이제 술 끊었어.

#03 Great! Let's go barhopping all night long.

좋았어! 밤새도록 2차 3차 마시자고!

02 Enough is enough!

이제 됐어! / 됐으니 이제 그만해!

#01 Okay. I will not mention that again.

알았어. 그거 다시는 언급하지 않을게.

#02 I'm sorry. I won't do that again.

죄송해요. 다시는 그거 하지 않을게요.

#03 Uh-oh, it looks like somebody is very angry.

오, 누군가가 굉장히 화가 난 것 같은데.

어휘 / 표현정리

- **get wasted** 진탕 마시다, 코가 삐뚤어지게 마시고 놀다
- **Let's roll.**(=Let's go. / Let's hit the road.) 출발합시다. 갑시다.
- **be on the wagon** 술을 끊다
- **go barhopping** (2차, 3차) 술을 마시다

03 That's not the point!
그게 중요한 게 아니야!

#01 Then, what is the point?
그러면, 중요한 게 뭔데?

#02 There you go again. Always trying to look smart.
또 시작이군. 항상 똑똑해 보이려고 노력하지.

#03 Then, enlighten me.
그러면, 날 납득시켜봐.

04 Got any better ideas?
더 좋은 아이디어 있어?

#01 I am afraid not.
유감이지만 없어.

#02 Actually, I do. Gather up, guys.
사실, 있어. 모여 봐, 애들아.

#03 Easy, man. I am trying to come up with one.
침착해 봐, 친구. 하나 떠오르려는 중이니까.

어휘 / 표현정리

- **come up with** ~을 고안하다, ~을 생각해내다
- **not the point** 중요한 점이 아닌
- **enlighten** ~에게 설명하다 ~에게 가르치다
- **gather up** 모이다
- **There you go again.(=Here you go again)** 또 시작이군!

05. Don't take advantage of that.
그걸 이용하려고 하지 마.

#01 Put your worries aside. I am not that kind of person.
걱정은 접어두세요. 전 그런 류의 사람이 아닙니다.

#02 I will try not to, but I can't promise.
그러지 않으려고 노력해볼게요, 하지만 약속은 못합니다.

#03 But how am I going to win if I don't?
하지만, 그렇지 않으면 내가 어떻게 이기니?

06. Bring it on.
어디 한번 해봐! / 덤벼 봐!

#01 Oow, now you're a tough guy, huh?
우, 너 이제 터프가이냐, 응?

#02 Why don't you show me what you got?
어디 네가 뭘 할 수 있는지 한번 보여줘 주지 그래?

#03 You are going to regret saying that.
그 말을 한 것 후회하게 될 거야.

어휘 / 표현정리

- **take advantage of** ~을 이용하다
- **put one's worries aside** 걱정을 접다
- **Why don't you** ~해 보는 게 어때?
- **regret + V-ing** ~한 것을 후회하다

Review!

다음 각 A와 B의 대화문 빈칸에 들어갈 적절한 표현을 넣어보세요.
잘 기억이 나지 않는다고요? 그럼 앞으로 돌아가서 다시 복습하세요!

1. A : Did you really go there without me?
    너 정말로 나 없이 거기에 간 거니?

    B : ____ Here me out.
    그게 중요한 게 아니야. 내 말을 끝까지 들어봐.

2. A : ________________________________ Show me what you got!
    어디 한번 해봐. 네가 가진 걸 한번 보여 줘봐.

    B : Hey, calm down. I'm not here to fight.
    이봐, 진정해. 난 싸우러 여기 온 게 아냐.

3. A : The night is still young. ______________________________
    아직 밤은 길어. 어디 가서 코가 삐뚤어지게 마셔보자!

    B : All right. Let's paint the town red.
    그래. 코가 삐뚤어지게 마셔보자.

4. A : If you are a real man, ____________________________________
    네가 진정한 남자라면, 그걸 이용하려고 하지 마.

    B : I really don't know what is right to do.
    어떻게 하는 게 옳은 건지 정말 모르겠어.

5. A : You think it's a good idea? Come on, you're not that
    stupid. 그게 좋은 생각 같아? 야, 너 그렇게 바보 아니잖아.

    B : ____
    그럼 더 좋은 아이디어 있어?

6. A : Guys. ________________________________ Just go to your room.
    너희. 됐으니 이제 그만해! 너희 방으로 들어가.

    B : I'm sorry, mom. We will just stay in the room and keep quiet.
    죄송해요, 엄마. 우리 방에 들어가서 조용히 있을게요.

Episode 07

01 She's off my radar.
그녀는 내 관심 밖이야.

#01 Why am I not surprised?
놀랍지도 않군. / 놀랄 것도 없네.

#02 Does that mean you are after someone else?
그거 네가 다른 애를 꼬시고 있다는 의미니?

#03 I am sure you are off her radar, too.
난 너도 그녀의 관심 밖일 거라고 확신해.

02 Just do me a favor.
그냥 내 부탁 좀 들어주라.

#01 Okay. Tell me what it is.
그래. 뭔지 말해봐.

#02 Why should I? You don't even like me.
내가 왜 그래야 하는데? 너 날 좋아하지도 않잖아.

#03 I will see what I can do.
제가 한번 알아볼게요. / 제가 할 수 있는 게 있는지 알아볼게요.

어휘 / 표현정리

- **after someone** ~를 쫓다
- **Does that mean S + V** ~라는 뜻인 거니?
- **off one's radar** ~의 관심 밖인
- **do someone a favor** 누구의 부탁을 들어주다

03 Don't go around advertising.

떠벌리고 다니지 마. / 광고하고 다니지 마.

#01 Don't worry. The secret is safe with me.
걱정하지 마. 난 비밀은 지켜.

#02 I won't. You have my word.
그러지 않을게. 약속해.

#03 Okay. I will keep my mouth shut.
알겠어. 입 다물고 있을게.

04 I gotta cut out early this morning.

오늘 아침에 일찍 가봐야 해요.

#01 Why? What's the matter?
왜? 무슨 일이니?

#02 Why? You gotta stop by somewhere?
왜? 어디 들려야 하니?

#03 So do I. You need a ride?
나도 그래. 태워다 줄까?

어휘 / 표현정리

- **go around + V-ing** ~하면서 돌아다니다
- **cut out** 떠나다
- **keep one's mouth shut** 입을 다물다
- **stop by** ~에 들르다
- **need a ride** 교통수단이 필요하다

05. (Are) You finally fessing up?
너 드디어 고(자)백하는 거니?

#01 There is nothing to tell.
말할 것 없어. / 할 말 없어.

#02 Just promise that you won't get mad at me.
나한테 화내지 않을 거라고 약속해줘.

#03 You can't handle the truth.
넌 진실을 감당할 수도 없어!

06. Spare me your lecture.
설교는 아껴두시죠.

#01 Don't talk to me like that. I am your father.
내게 그런 식으로 말하지 마라. 난 네 아빠야.

#02 Don't get smart with me.
건방진 말 하지 말거라.

#03 That's enough! I am sick of your rude behavior.
그거면 됐어! 네 건방진 태도에 진절머리가 난다.

어휘 / 표현정리

- **fess up** 고백하다, 자백하다
- **be sick of** ~에 질리다
- **get smart with** ~에게 건방지게 굴다, ~에게 까불다
- **handle** 다루다, 처리하다
- **get mad at** ~에게 화를 내다

다음 각 A와 B의 대화문 빈칸에 들어갈 적절한 표현을 넣어보세요.
잘 기억이 나지 않는다고요? 그럼 앞으로 돌아가서 다시 복습하세요!

1. A : ___________________________ Just leave me alone.
    설교는 아껴둬. 그냥 날 내버려둬.

    B : Listen to me. I thought you were better than this.
    내말 좀 들어봐. 난 네가 이것보단 나은 애라고 생각했어.

2. A : _________________ Can you tell him my number?
    내 부탁 좀 들어줘라. 걔한테 내 전화번호 좀 알려줘.

    B : Sure, no problem.
    그래, 문제없어.

3. A : ____
    너 드디어 고백하는 거야?

    B : Okay. I will tell you everything.
    그래, 다 말해줄게.

4. A : ____
    오늘 아침에 일찍 가봐야 해요.

    B : Is it for basketball practice?
    농구 연습하러 가는 거니?

5. A : Hey, it's a secret between you and I. ___________
    야, 이거 너랑 나만 아는 비밀이다. 떠벌리고 다니지 마.

    B : Don't worry. I won't.
    걱정 마. 안 그럴게.

6. A : _________________________ and I'm off hers, too.
    걘 내 관심 밖이야, 나도 그녀 관심 밖이고.

    B : So you're not talking to her anymore?
    그래서 너 이제 그녀랑 얘기도 안하는 거야?

01 **Never mind.**

신경 쓰지 마.

#01 Do you really not want to talk about this?
너 정말로 이거에 대해 얘기하고 싶지 않은 거니?

#02 Okay. I wasn't interested anyway.
알았어. 어차피 관심도 없었어.

#03 Hey, I am not leaving unless you tell me what's going on.
야, 무슨 일이 있는지 내게 말해주지 않으면 나 안 떠날 거야.

02 **What a coincidence!**

정말 이런 우연이 다 있구나!

#01 Yeah, it's a pleasant surprise to see you here.
그래, 널 여기서 보게 되다니 놀랍다.

#02 Yeah, it's surprising to know that we went to the same school.
그래, 우리가 같은 학교를 다녔다니 놀랍다.

#03 Yeah, we have lots of things in common.
그래, 우리 공통점이 많이 있구나.

어휘 / 표현정리

- **mind** 신경 쓰다, 걱정하다
- **unless(=if ~not)** 만약 ~하지 않으면
- **what + (a/an) + (형용사) + 명사** ~구나!(감탄문의 어순)
- **have something in common** 공통점이 있다

03 Can I get your number?
네 전화번호 좀 알 수 있을까?

#01 Sorry, I don't give out my number to strangers.
미안해, 난 내 번호 모르는 사람한테 주지 않아.

#02 Sure. Do you have a pen?
물론이지. 펜 있니?

#03 Why don't you give me yours?
네 전화번호를 내게 주는 게 어때?

04 I just wanted to make sure you are okay.
난 그냥 네가 괜찮은지 확인하고 싶었어.

#01 Yeah, I am really fine. Thanks.
응, 나 정말 괜찮아. 고마워.

#02 Thank you for your concern, but I really don't need your help.
걱정해 줘서 고마운데, 나 정말 네 도움은 필요 없어.

#03 I didn't expect you to come back. That's thoughtful of you.
네가 돌아올 거라곤 기대 안 했었어. 너 참 생각이 깊구나.

어휘 / 표현정리

- **get** 얻다, 받다   - **stranger** 낯선 사람   - **make sure** 확인하다
- **concern** 걱정, 염려   - **expect A to + V** A가 ~할 것을 기대하다

Episode 08

0 5. I can be pushy.
내가 다그치기도 하죠.

#01 You know what? You are always pushy.
너 그거 알아? 넌 항상 (사람들을) 다그쳐.

#02 And I hate it when you become one.
그리고 난 네가 그런 사람이 될 때 정말 싫어.

#03 I am well aware of that.
난 아주 잘 알고 있지.

0 6. I've got a real knack for hooking people up
난 사람들을 연결해주는 재주가 있어.

#01 And I've got a real knack for breaking people up.
그리고 나는 사람들을 헤어지게 하는데 재주가 있지.

#02 Then, why don't you set me up with someone?
그러면, 나 누구랑 소개팅 좀 시켜주는 건 어때?

#03 No offence, but I really don't think so.
기분 나쁘게 받아들이지는 마. 근데 난 정말 그렇게 생각 안 해.

어휘 / 표현정리

- **pushy** 다그치는, (억지로) 밀어 붙이는
- **be aware of** ~을 인식하고 있는, 알고 있는
- **hook someone up** ~를 연결해주다
- **break someone off** ~를 헤어지게 하다
- **have (got) a knack for** ~을 잘하다, 소질이 있다

Review!

다음 각 A와 B의 대화문 빈칸에 들어갈 적절한 표현을 넣어보세요.
잘 기억이 나지 않는다고요? 그럼 앞으로 돌아가서 다시 복습하세요!

1. A : What was it that you were trying to say?
   말하려고 하는 게 뭐예요?

   B : _________________________________ It was nothing.
   신경 쓰지 마. 별거 아니었어.

2. A : I know that _____________________ sometimes.
   나도 내가 가끔 다그친다는 거 알아.

   B : Actually, you always are.
   사실, 넌 항상 그래.

3. A : You went to Cashmere High? So did I!
   너 캐시미아 고등학교 나왔다고? 나도 그런데.

   B : Really? _________________ When did you graduate?
   정말? 이런 우연의 일치가 있나. 너 언제 졸업했어?

4. A : Hey, pretty. _________________________________
   이봐, 예쁜 아가씨. 전화번호 좀 알 수 있을까?

   B : Go away. I don't talk to boys with faces like yours.
   저리 가요. 난 당신같이 생긴 사람들하고 말 안 해요.

5. A : _________________________________
   난 사람들을 연결해주는 재주가 있어.

   B : Really? Then can you hook me up with Max?
   정말? 그럼 나 좀 맥스랑 연결시켜줄래?

6. A : _________________________________
   난 그냥 당신이 괜찮은지 확인하고 싶었어요.

   B : I'm better now. Thanks.
   지금은 나아졌어요. 고마워요.

Episode 09

01 He deserved it.
걔는 그럴 만해. / 걔는 그럴 자격이 있어.

#01 I can't argue with that.
그 말에 부정할 수가 없구나. / 그 말이 맞는 것 같아.

#02 You're telling me.
두 말하면 잔소리지. / 정말 그래.

#03 I know. He really worked his ass off.
나도 알아. 걔는 정말 열심히 일했어.

02 Bottoms up!
원샷!

#01 To our success in 2010!
2010년 우리의 성공을 위하여!

#02 Hey, go easy on the beer. I already feel tipsy.
야, 술 천천히 마셔. 나 벌써 취기가 오른다.

#03 Wow, you really drink like a fish.
와우, 너 정말 술고래구나.

어휘 / 표현정리

- **argue** 논쟁하다
- **To ~.** (술자리에서)~을 위하여
- **deserve it** 자격이 있다
- **work one's ass off** (엉덩이가 빠지도록) 일하다
- **go easy on ~** ~을 적당히 하다
- **drink like a fish** 술고래다, 술을 엄청 마신다

03 He was such a good kisser.
개는 키스를 정말 잘해.

#01 You don't have to tell me that.
나한테 그걸 말할 필요는 없잖아.

#02 What? Did you guys kiss?
뭐라고? 너희 키스한 거니?

#03 Gross! Don't make me throw up.
징그러! 나 토하게 만들지 마.

04 You deserve to be happy.
넌 행복해질 자격이 있어.

#01 Thanks. That means a lot.
고마워. 큰 힘이 되네.

#02 I am already happy because of you by my side.
네가 내 옆에 있어서 나는 이미 행복해.

#03 Oh, that's so sweet of you.
오, 넌 마음씨가 참 곱구나.

어휘 / 표현정리

- **gross** 징그러운
- **throw up** 토하다
- **make someone + V** ~를 ~하게 하다
- **means a lot** 큰 힘이 된다
- **That's so sweet of you.** (상대방의 친절에 감사를 표할 때 씀) 친절하시군요, 상냥하시군요.

05. You're overreacting.

너 과민반응하는 거야.

#01 No, you're the one who is overreacting. Not me!

아니, 과민반응하고 있는 건 너야. 내가 아니라고!

#02 But I'm really shocked by the news.

하지만 나 정말 그 소식에 충격 먹었어.

#03 Come on. It's the biggest news I've ever heard. Don't pretend you're calm.

왜 이래. 그건 내가 지금까지 들은 것 중 가장 큰 뉴스라고. 넌 침착한 척 하지 마.

06. It's okay.

괜찮아요.

#01 Are you sure?

확실하니?

#02 But you don't look okay. Let me take you to the hospital.

하지만, 너 괜찮아 보이지 않아. 내가 병원에 데려다 줄게.

#03 But your ankle is all swollen up.

하지만, 네 발목이 다 부풀어 올랐잖아.

어휘 / 표현정리

- **overreact** 과민반응하다
- **calm** 침착한
- **You are the one who** ~하는 것은 바로 당신이지.
- **pretend** ~인 척 하다
- **be swollen up** 부어오르다

Review!

다음 각 A와 B의 대화문 빈칸에 들어갈 적절한 표현을 넣어보세요.
잘 기억이 나지 않는다고요? 그럼 앞으로 돌아가서 다시 복습하세요!

1. A : Jack finally kissed me. Oh, ______________________________
   잭이 드디어 나한테 키스했어. 오, 키스를 정말 잘해.

   B : Is he a better kisser than your ex-boyfriend?
   걔가 너 전 남친보다 키스 잘해?

2. A : Here's to the new year! ______________________________
   새해를 위해서! 원샷!

   B : Cheers!
   건배~!

3. A : ______________________ and Jack is not good enough for you.
   넌 행복해질 자격이 있어. 잭은 너한테 충분하지 않아.

   B : But I'm already happy with him.
   하지만 난 이미 그랑 행복한데.

4. A : Oh I'm sorry. I think I called a wrong number.
   오, 죄송해요. 잘못 걸었네요.

   B : ______________________________________ Bye.
   괜찮아요. 끊을게요.

5. A : The scammer was sentenced to 10 years in jail.
   그 사기꾼은 징역 10년을 선고받았어.

   B : ______________________ He should rot in the prison.
   그는 그래도 싸. 그 인간은 감옥에서 썩어야 해.

6. A : He hasn't called me for 3 days. Something bad must
   have happened to him.
   그가 3일 동안 전화가 없어. 무슨 일이 일어난 게 틀림없어.

   B : ______________________________ I'm sure he will be fine.
   너 과민반응하는 거야. 그는 괜찮을 거야.

01 **You look like hell.**
너 꼴이 말이 아니구나!

#01 Yeah, I couldn't sleep a wink last night.
응, 어젯밤에 한 숨도 자지 못했어.

#02 Do I look that bad?
나 그렇게 안 좋아 보이니?

#03 Yeah, I didn't get much sleep last night.
응, 어젯밤에 잠을 많이 자지 못했어.

02 **How about rain-check?**
다음 기회로 미루자.

#01 Count on it.
기대하고 있을게. / 믿을게.

#02 Okay. Call me when you're available.
그래. 너 괜찮을 때 내게 전화 줘.

#03 All right. I will give you a rain-check.
알았어. 다음 기회로 미루자.

어휘 / 표현정리

- **look like hell** 안색이 안 좋다, 꼴이 말이 아니다
- **not sleep a wink** 한 숨도 못 자다
- **give someone a rain check** 다음 기회로 미루다
- **How about~?** ~가 어때?
- **rain-check** (초대 등의) 연기

03 **I am not playing hooky!**
나 땡땡이치는 거 아니야.

#01 Then, what are you doing here in the shopping mall?
그럼, 너 여기 쇼핑몰에서 뭐 하고 있는 거니?

#02 But aren't you supposed to be at school now?
하지만, 너 지금 학교에 있어야 하는 거 아니니?

#03 Oh, don't give me that crap. You're definitely playing hooky.
오, 그런 헛소린 집어치워. 너 명백히 땡땡이치고 있잖아.

04 **Things will be back to normal in no time.**
모든 건 금방 제자리로 돌아갈 거야.

#01 I really hope so.
나도 정말 그러기를 바래.

#02 You have kept saying that, but nothing has changed yet.
당신은 계속 그렇게 말했지만, 아무것도 아직 변한 건 없어요.

#03 I am getting tired of hearing you say that.
네가 그 말하는 거 듣는 것도 이젠 지겹다.

어휘 / 표현정리

- **play hooky** (수업, 직장 등을) 땡땡이치다
- **be supposed to** ~하기로 되어 있다
- **keep + V-ing** 계속해서 ~하다
- **crap** 헛소리, 거짓말
- **in no time** 곧, 즉시
- **be tired of** ~에 질리다

05 I don't want to let her down.
난 그녀를 실망시키고 싶지 않아.

#01 Neither do I.
나도 그러고 싶지 않아.

#02 I understand, but you've got no other choices.
이해해. 하지만 당신은 다른 방법이 없잖아요.

#03 Yeah, letting your daughter down would be the last thing you want to do.
그래, 딸을 실망시키는 것은 네가 마지막으로 하고 싶은 거겠지.

06 Don't make a scene.
소란 피우지 마.

#01 What? I'm not making a scene.
뭐라고? 나 소란 피우는 거 아냐.

#02 Don't you tell me what to do!
너 나한테 이래라 저래라 하지 마!

#03 Okay. I will calm down.
알았어. 나 진정할게.

어휘 / 표현정리

- **let someone down** ~를 실망시키다
- **make a scene** 소란을 피우다, 난동 부리다
- **Don't you~!** (경고) 너~하지 마!
- **calm down** 진정하다

Review!

다음 각 A와 B의 대화문 빈칸에 들어갈 적절한 표현을 넣어보세요.
잘 기억이 나지 않는다고요? 그럼 앞으로 돌아가서 다시 복습하세요!

1. A : Keep your voice down. ____________________________
      목소리 좀 낮춰. 소란 피우지 마.

   B : What? Are you embarrassed of me?
      뭐라고? 너 지금 내가 창피하니?

2. A : Let's go see a movie tonight.
      오늘 밤에 영화 보러 가자.

   B : I'm sorry, I can't today. ____________________
      미안해, 오늘은 안 돼. 다음 기회로 미루자.

3. A : Mary, ____________________ What happened last night?
      메리, 너 오늘 꼴이 말이 아니다. 지난밤에 무슨 일 있었어?

   B : I argued with Jim on the phone all night long.
      밤새 짐이랑 전화로 싸웠어.

4. A : Where are you going? Are you skipping classes?
      너 어디 가는 길이야? 수업 땡땡이치는 거니?

   B : No, ____________________ I'm just going to the toilet.
      아니, 난 땡땡이 안쳐. 그냥 화장실 가는 거야.

5. A : I have to do this. ____________________
      난 이걸 꼭 해야 해. 그녀를 실망시키고 싶지 않아.

   B : Okay. I will give you another chance, but this is the last.
      알았어. 한 번 더 기회를 줄게. 하지만 이번이 마지막이야.

6. A : I'm sorry about what happened to you.
      당신한테 일어난 일 정말 유감이에요.

   B : Don't worry. ____________________
      걱정 말아요. 모든 건 금방 제자리로 돌아갈 거야.

01 She's full of surprises.
그녀는 항상 (사람을) 놀라게 해.

#01 Yeah, that's part of her charm.
그래, 그게 그녀의 매력의 일부분이지.

#02 That's why she's my favorite.
그게 내가 그녀를 가장 좋아하는 이유야.

#03 Yeah, we never know what she'll do next.
맞아, 우리는 그녀가 다음에 뭘 할지 전혀 모른다니까.

02 You are such a trouble maker.
넌 정말 문제만 일으키고 다니는구나.

#01 Not as much as you are.
너 만큼은 아니지.

#02 Ha! The pot calls the kettle black.
하! 똥 묻은 개가 겨 묻은 개 나무라는구나.

#03 What makes you think I'm a trouble maker?
왜 내가 문제만 일으킨다고 생각하는 거니?

어휘 / 표현정리

- **be full of surprises** 놀라움의 연속이다
- **charm** 매력
- **That's why S + V** ~인 이유이다
- **trouble maker** 사고뭉치
- **What makes you think** 무엇이 널 ~게 생각하게 하니?

03 Are you still hung over?
너 아직도 숙취에 시달리니?

#01 Yeah, I think so.
응, 그런 것 같아.

#02 Yeah, I had one too many last night.
응, 어저께 너무 많이 마셨어.

#03 No, I am okay. I just need to drink some water.
아니, 괜찮아. 그냥 물 좀 마셔야 할 것 같아.

04 Let me go change. I will be quick.
가서 옷 갈아입어야겠다. 금방 올게.

#01 Hurry up, or we'll be late.
서두르지 않으면 우리 늦을 거야.

#02 Okay. I will wait outside.
알았어. 난 밖에서 기다릴게.

#03 You look fine. You don't need to get changed.
너 괜찮아 보여. 옷 갈아입을 필요 없어.

어휘 / 표현정리

- **be hung over** 숙취에 시달리다　　• **have one too many** 너무 많이 마시다
- **I need to + V** 나 ~할 필요가 있어　　• **change(=get changed)** (옷을) 갈아입다

05. You got a second?
잠깐 시간 있니?

#01 Of course. What's going on?
물론이지. 무슨 일이니?

#02 Hold on. I have to take this call.
잠깐만. 나 이 전화 받아야 해.

#03 Not right now. Why don't you come see me again an hour later?
지금은 안 돼. 한 시간 뒤에 다시 나 보러 오는 게 어떠니?

06. Don't joke with me.
나랑 농담 따먹기 하지 마.

#01 I'm not joking with you. I'm just telling you the truth.
너랑 농담하자는 거 아니야. 난 단지 사실을 말해주고 있는 거라고.

#02 Sorry, I was just trying to be friends with you.
미안, 그냥 너랑 친구가 되려고 했을 뿐이야.

#03 I know this is no joking matter. I am being serious.
나도 이게 농담할 일이 아닌 것 알아. 나 진지하다고.

어휘 / 표현정리

- **Hold on!** 기다려!, 잠깐만!
- **be friends with** ~와 친구가 되다
- **take a call** 전화를 받다
- **no joking matter** 농담할 일이 아닌

Review!

다음 각 A와 B의 대화문 빈칸에 들어갈 적절한 표현을 넣어보세요.
잘 기억이 나지 않는다고요? 그럼 앞으로 돌아가서 다시 복습하세요!

1. A : God. We drank a lot last night. _______________
   와, 우리 어젯 밤에 진짜 많이 마셨다. 너 아직도 숙취에 시달리니?

   B : Yes, I am. How about you?
   응. 넌 어때?

2. A : Jimmy. _____________________ I need to talk to you.
   지미. 잠깐 시간 있어? 할 얘기가 있는데.

   B : Sure, what's up?
   그래, 무슨 일이야?

3. A : ____
   나 옷 좀 갈아입고. 금방 올게.

   B : You look beautiful. Let's just go. We don't have much time.
   너 예뻐 보여. 그냥 가자. 우리 시간이 별로 없어.

4. A : I love Karen. _______________________________
   난 캐런을 사랑해. 그녀는 정말 놀라움의 연속이야.

   B : Yeah, she is really fun to be with!
   맞아, 그녀는 정말 같이 있으면 재밌어.

5. A : ___________________________ I don't believe your story.
   나한테 농담하지 마. 난 너 이야기 안 믿어.

   B : Who said I'm joking. Listen, I am serious here.
   누가 내가 농담하고 있대? 들어봐, 나 지금 진지하다고.

6. A : Why did you beat up your friend? _______________
   너 왜 친구를 때렸니? 넌 진짜 골칫덩어리다.

   B : He started it first. He made fun of me at school.
   그가 먼저 시작했어요. 그가 학교에서 날 놀렸단 말이예요.

01 You're still in shape.

너 여전히 몸매가 좋구나.

#01 Thanks. I work out a lot.

고마워. 나 운동을 많이 해.

#02 That's because I exercise every day.

내가 매일 운동을 하기 때문이지.

#03 Thank you. Do you want to know how I keep in shape?

고마워. 내가 어떻게 몸매를 유지하는지 알고 싶니?

02 Have a seat.

앉으세요.

#01 Thanks. You have a nice office.

고마워요. 사무실이 멋지네요.

#02 Thanks. Do you mind opening the window? It's a bit stuffy in here.

고마워요. 창문 좀 열어 주시겠어요? 안이 약간 답답하네요.

#03 No, it's okay. I prefer standing.

아뇨, 괜찮아요. 전 서 있는 게 좋아요.

어휘 / 표현정리

- **work out** 운동을 하다
- **keep in shape** 몸매를 유지하다
- **prefer + V-ing** ~하는 것을 선호하다
- **stuffy** 통풍이 안 되는, 답답한
- **Do you mind + V-ing?** ~해 주시겠습니까?

03 **Sorry I'm late.**
늦어서 미안해요.

#01 What's your excuse today?
오늘은 변명이 뭡니까?

#02 This is the fourth time in a row. What's wrong with you?
네 번 연속이군요. 대체 왜 그러는 거예요?

#03 Just sit down and see me after class.
그냥 앉아라. 그리고 수업 끝나고 보자.

04 **We could sneak out.**
우리 몰래 빠져나갈 수도 있어.

#01 Tempting!
땡기는데!

#02 I don't think it's a good idea. They will find out.
좋은 생각인 것 같지 않아. 그들이 알아낼 거야.

#03 You mean through the back door?
뒷문을 통해서 말이지?

어휘 / 표현정리

- **in a row** 연속적으로 • **sneak out** 몰래 빠져나가다 • **find out** 알아내다
- **What's wrong with you?** 뭐가 문제야?, 대체 왜 그러는데?

05 That's none of your business.

그건 네가 상관할 바 아니야.

#01 How dare you say that to me?
네가 내게 어떻게 그렇게 말할 수 있어?

#02 Don't you talk to me like that. It's my business, too.
너 그런 식으로 내게 말하지 마. 그건 내 일이기도 하다고.

#03 I'm sorry. It was too personal.
죄송합니다. 너무 개인적인 거였네요.

06 I guess somebody's got a big mouth.

누군가 입이 아주 가볍구나.

#01 I'm sorry I couldn't keep your secret.
네 비밀을 지켜주지 못해서 미안해.

#02 Sorry. I really didn't mean to tell him. It just happened.
미안해. 정말 그에게 말하려고 했던 게 아냐. 그렇게 돼 버렸어.

#03 Yeah, be careful not to tell him anything.
응, 그에게 아무것도 말하지 않도록 조심해.

어휘 / 표현정리

- **none of one's business** ~의 소관이 아님 • **has got a big mouth** 입이 가볍다
- **How dare you ~!** 네가 감히 ~ 하다니!
- **be careful not to + V** ~하지 않으려고 조심하다

 Review!

다음 각 A와 B의 대화문 빈칸에 들어갈 적절한 표현을 넣어보세요.
잘 기억이 나지 않는다고요? 그럼 앞으로 돌아가서 다시 복습하세요!

1. A : Hi, Mr. Clark. Nice to meet you. _______________________
   안녕하세요, 클락 씨. 만나서 반가워요. 앉으세요.

   B : Thank you. You have a nice office.
   감사합니다. 사무실이 멋지네요.

2. A : What's going on between you and your girlfriend?
   너랑 너 여친이랑 무슨 일 있어?

   B : _________________________ Stop bothering me.
   네가 상관할 바가 아니잖아. 귀찮게 좀 하지 마.

3. A : I'm so bored today. Let's just get out of here. _________
   오늘 정말 지루하다. 여기서 좀 나가자. 몰래 빠져나가는 거야.

   B : No way. I want to listen to this lecture.
   싫어. 난 이 강의 듣고 싶어.

4. A : Wow, you're 40 years old, but _________________________
   와, 당신 40살인데도 여전히 몸매를 유지하고 있네요.

   B : That's because I work out on a regular basis.
   규칙적으로 운동하는 덕분이죠.

5. A : _________________________ Ms. Gibson.
   늦어서 미안해요, 깁슨 씨.

   B : What's your excuse today?
   오늘 변명은 뭔가요?

6. A : Who told you that? _________________________
   그 얘기 누가해줬어? 누군가 입이 아주 가볍구먼.

   B : Hey, that's not the point.
   야, 그게 중요한 게 아니잖아.

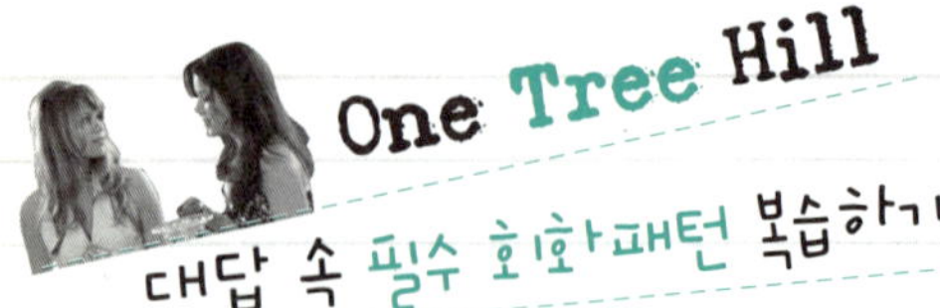

대답 속 필수 회화패턴 복습하기

---

01 Do you think + S + V ? : 넌 ~라고 생각하니?

Do you think she did it on purpose?

그녀가 일부러 했다고 생각하니?

Do you think he loves you?   그가 널 사랑한다고 생각하니?

> **Speak Yourself!**   내가 바보라고 생각하는 거니? (I am dumb)

---

02 It smells + 형용사 :   ~한 냄새가 난다.

It smells good.   좋은 냄새가 나는데.

It smells weired.   이상한 냄새가 나는데.

> **Speak Yourself!**   맛있는 냄새가 나는데. (delicious)

---

03 Don't bother + 동사 ing : 귀찮게 ~안 해도 돼.

Don't bother showering tonight.

오늘 밤 귀찮게 샤워 안 해도 돼.

Don't bother writing a book.   귀찮게 책 쓰지 않아도 돼.

> **Speak Yourself!**   귀찮게 거기 돌아가지 않아도 돼. (go back there)

  Answer   1. Do you think I am dumb? 2. It smells delicious. 3. Don't bother going back there.

04 Do you mind if I + 동사 ： 제가 ~을 해도 괜찮을까요?

Do you mind if I ask you a question?

제가 질문을 해도 괜찮을까요?

Do you mind if I close the door?   제가 문을 닫아도 괜찮을까요?

Speak Yourself!   제가 담배를 피워도 괜찮을까요? (I smoke)

05 You gotta + 동사 ： 넌 ~를 해야 해.

You gotta shake it off.   그만 털어버려.
You gotta tell me the truth.   내게 진실을 말해줘야 해.

Speak Yourself!   그에게 기회를 줘야 해. (give him a chance)

06 You shouldn't have + 과거분사 ： 넌 ~ 하지 말았어야 했어.

You shouldn't have yelled at me like that.
넌 내게 그렇게 소리치지 말았어야 했어.

You shouldn't have done that.   넌 그러지 말았어야 했어.

Speak Yourself!   넌 그의 말을 듣지 말았어야 했어. (listened to her)

4. Do you mind if I smoke? 5. You gotta give him a chance. 6. You shouldn't have listened to her.

대답 속 필수 회화패턴 복습하기

---

07 **What if** 주어 + 동사 : 만약 ~라면 어쩌지?

What if he doesn't go there?
그가 거기 가지 않으면 어쩌지?

What if she doen't have any money?
그녀가 돈이 없으면 어쩌지?

Speak Yourself! 그녀가 날 좋아하지 않으면 어쩌지? (she doesn't like me)

---

08 **It's not like I was trying to** + 동사 : 내가 ~하려고 했던 건 아냐.

It's not like I was trying to show off.
내가 자랑하려고 했던 건 아냐.

It's not like I was trying to let you down.
널 실망시키려고 했던 건 아냐.

Speak Yourself! 내가 거짓말하려고 했던 건 아냐. (lie)

---

09 **Thanks for** + 동사 ing : ~ 해줘서 고마워요.

Thanks for giving me a ride.　태워다줘서 고마워요.
Thanks for helping me.　날 도와줘서 고마워요.

Speak Yourself! 내게 전화줘서 고마워요. (call me)

 Answer 7. What if she doesn't like me? 8. It's not like I was trying to lie. 9. Thanks for calling me.

<table>
<tr><td>10</td><td>Go easy on + 명사 ： ~을 적당히 해라.</td></tr>
</table>

Go easy on **the beer.**　맥주 좀 작작 마셔.
Go easy on **the garlic.**　마늘은 적당히 넣어.

Speak Yourself!　소금은 적당히 넣어. (the salt)

<table>
<tr><td>11</td><td>You're the one who is + 동사 ing ： ~하는 건 바로 너라고.</td></tr>
</table>

You're the one who is **overeating.**
　오버하고 있는 건 바로 너라고.
You're the one who is **lying.**　거짓말을 하고 있는 건 바로 너라고.

Speak Yourself!　실수하고 있는 건 바로 너라고. (make a mistake)

<table>
<tr><td>12</td><td>I'm getting tired of + 동사 ing ： ~하는 게 지겨워지고 있어</td></tr>
</table>

I'm getting tired of **hearing you say that.**
　네가 그 소리하는 거 이제 듣기 지겨워.
I'm getting tired of **studying.**　공부하는 게 지겨워지고 있어.

Speak Yourself!　싱글인 게 지겨워지고 있어. (being single)

---

10. Go easy on the salt.　11. You're the one who is making a mistake.　12. I'm getting tired of being single.

"1+3" 미드 English 학습 스케줄!! 총 48일간의 내 영어공부 대장정

하루 분량 학습이 완료가 되면 다음 스케줄 안의 한글에 해당하는 영문을 직접 작성해 봄으로써 배운 내용을 정리해보세요. 6개의 표현과 함께 대답으로 사용된 영어 문장들 중 기억에 남는 것들을 하나씩 적어보면서 하루의 학습을 마무리 해보세요. 자, 이제 〈1+3 미드 English〉와 함께 48일간의 영어공부 대장정에 올라보세요!!

안녕!

어서 타.

오늘 밤 너희 집에서 자도 돼?

담배 한 대 빌려도 될까요?

그거 멋진데!

걱정하지 마.

알았어. / 알겠어.

무슨 일이야? / 무슨 일 있어?

알겠어요. / 이해해요.

난 다 준비됐어.

우리 그냥 놀고 있었어.

난 비밀은 지켜.

나 외출금지야.

잘 지내? / 별일 없지?

그러시던지. / 난 상관 안 해. / 마음대로 해.

걔 내버려 둬요. / 걔 귀찮게 하지 마.

우린 끝났어. / 우린 볼 일 없어.

너 끝내준다.

이제 그만 잊자.

널 걔랑 엮어 달라고?

너 걔한테 호감 있지, 그렇지?

아주 끝내줄 거야. / 멋질 거야.

난 정말 어울리지가 않아.

난 바보가 아니에요.

내가 너 점심 사줄게.

괜찮아?

그걸로 그녀를 비난할 수는 없어요.

재미있게 보내. / 즐거운 시간 돼.

너 닭살 돋았다.

진정해.

비꼬는 건가요?

말하자면 길어요.

다시 한 번 말해주실래요?

너한테 들려줄 소식이 있어.

너희 서로 홀딱 반했구나.

알게 뭐야? / 누가 신경이나 쓴데?

스페인어 연마해.

나 그녀를 잊었어.

전 여기 도와주려고 왔어요.

그녀는 날 안달 나게 하려는 거야.

우리가 통한다는 건 부정할 수 없어.

너 정말 못됐구나. / 너 진짜 비열해.

난 이해가 안 가.

긴장하지 마.

제게 기회를 주세요.

잘 지내? / 잘 돼가?

걔 다이어트 중이야.

저 남자는 내가 찜!

네 남친 너 몰래 바람을 핀 거야. _______________________

우린 끝났어. _______________________

여기 자리 있나요? _______________________

다시 시작하자. _______________________

나만 따라와. _______________________

그건 너완 전혀 상관없는 일이야. _______________________

OC Season 1 Episode 10　　Day 10

나중에 보자. _______________________

내게 말해줄래? _______________________

계속 노력해 볼게요. _______________________

나 집에 왔어요. _______________________

기분 나빠하지 마. _______________________

너 지금 나 놀리는 거니? _______________________

그게 더 나아. / 그 상태가 더 나아.

정말 안됐구나.

나 그만 가볼게요.

나도 너랑 같이 갈게.

우리 얘기 좀 하자.

나도 어쩔 수가 없어.

그녀는 웃는 게 정말 예뻐.

난 끼지 않을 거야.

너랑 마주쳤으면 했어.

이것 좀 봐.

절대로 말하지 않을게.

그만 좀 해.

해냈구나. / 제대로 찾아왔구나.

배고파 죽겠어요.

그냥 인사나 하려고 들렀어.

나 가봐야 할 것 같아.

내가 하려는 말은 그게 아냐.

난 한 바퀴 돌게.

여기가 우리 집이야.

내가 망쳐 버렸어.

조용히 좀 해.

농담이지? / 지금 장난쳐?

걔는 형편없는 놈이야.

오히려 잘된 일이야.

이런 젠장!

떨어져! / 싸우지 마!

난 우리 반에서 2등이야.

나쁜 감정은 없는 거지?

계속 알려줄게요.

넌 내 베프잖아. / 내편이어야 하는 거잖아.

너 일어났구나.

넌 정말 훌륭한 너만의 스타일을 가지고 있어.

너 약했냐? / 너 취했냐?

나중에 주소를 문자로 보내.

마음을 편히 가져. 긴장을 풀어.

내가 보상해 줄게.

내가 모두 다 계획해놨지.

전 뭐든지 할 수 있어요.

닭은 맛없게 요리할 수가 없죠.

별일 아니야.

전화를 잘못 걸었나 봐요.

그 남자 정말 킹카에요.

GOSSIPGIRL Season 1 Episode 06   Day 18

난 망치면 안 돼.

(안 돼도) 되게 해.

난 네가 마약쟁인 줄은 몰랐다.

귀찮게 해서 죄송합니다.

마음이 놓여요. / 다행이에요.

그가 내게 솔직했으면 좋겠어.

그에게 내가 안부 전한다고 말해줘.

요즘 널 소홀히 대해서 미안해.

난 태어날 때부터 부자였어.

나 가는 중이야.

네 생각은 어때?

나 춤 좀 춰.

그래서 뭐가 달라지는데?

무슨 생각하니?

현실을 직시해. / 인정해.

난 대기만성형이었나 봐요.

내기할래?

어울리기 위해 노력해 볼게.

엿이나 먹어!

나 오늘 기분이 좋아.

걔 나랑 절교했어.

안 된다는 대답은 받아들이지 않을 거예요.

나 방금 식욕을 잃었어.

이건 몰랐네. / 그렇게 나올 줄은 몰랐네.

내가 말실수를 했어.

넌 점잖게 행동하는 방법부터 배워야겠다.

나 너에게 짐이 되기 싫어.

내가 차로 5시에 데리러 갈게.

시대에 발 좀 맞춰.

그냥 막판에 정해진 거야.

저 잘 생긴 남자가 너한테 찝쩍댔어.

전 너무 서툴러요.

너한테 전화했었는데, 전화기가 꺼져 있더라.

본론으로 들어갑시다.

제가 도와드릴 수 있어서 기쁩니다.

그거 좀 진부한가? / 그거 좀 유치한가?

오직 시간만이 말해줄 거야.

너 정말 순진하구나.

우리는 같은 입장이 아니야.

조건이 뭔데? / 무슨 꿍꿍이야?

괜찮은 계획 같은데.

우리 무지하게 바쁠 거야.

나 너무 외로웠어.

머리는 어떻게 할 거야?

(전화상에서) 전데요.

만나서 반가워요.

나 정말 우울할 거야.

편하게 있으세요.

걔는 모든 사람들한테 들이대.

나 혼났어.

그거 구려. / 그거 짜증 나.

내가 너한테 전화할게.

내 기분 잡치지 말아줘. / 찬물 끼얹지 마.

숨을 깊게 들이 쉬세요.

여기가 내가 일하는 곳이야.

난 보통 6시까지 침대에서 일어나지 않아.

내 선물 사온 거야?

브라이언은 어쩌고? / 브라이언은 어떡하지?

일은 잘 돼가요?

그게 말이 되니? / 이해가 가니?

그거 누구한테서 온 거니?

좌회전해서, 복도를 따라 내려가세요.

우리 점심시간 있나요?

누구한테 문자 보내는 거니?

걔 다른 여자들 만나고 있니?

와 주셔서 감사합니다.

우리 오늘 밤에 나갈 거야.

너 댄하고 다음 단계로 넘어갈 거니?

음식 어때요?

건배합시다.

난 후터스에서 일했었어.

너도 내 입장이 돼봐.

우리 거의 다 됐어.

나 그녀와 데이트를 했어.

줄 서!

정말 수고 많았다. / 잘했어.

난 네가 하는 말 신경 안 써.

내가 너 땜에 돌겠어.

딸기를 얹은 팬케이크 하나주시겠어요?

눈이 오고 있어.

우린 친구로 남았어.

내가 무엇을 하기를 원하니?

그가 미친 듯이 화를 내고 있어.

그건 네 잘못이 아니야.

THE HILLS Season 1 Episode 08   Day 32

너 셔츠 벗을래?

가서 인사나 해야겠다.

그건 그냥 덜 떨어진 짓이야.

제이슨은 너무 쉽게 열 받아.

그랑 다투고 싶은 기분이 아냐.

그건 너한테 달렸어. / 네 마음대로 해.

넌 걔랑 떨어져 있을 필요가 있어.

난 뭘 해야 할지 모르겠어.

그거 좀 죽이는데! / 그거 좀 너무한다.

나 그것에 대해 그만 생각해야 해.

무슨 짓이든 할게요.

난 가서 낮잠이나 잘게.

THE HILLS Season 1 Episode 10   Day 34

행운을 빌게!

뭘 도와드릴까요?

말도 안 돼! / 닥쳐!

나 지금 토할 거 같은 기분이야.

네가 그리울 거야.

올해는 기복이 심했어.

THE HILLS Season 2 Episode 01 — Day 35

그건 안 통해.

우린 너무 뒤처졌어.

날 괴롭히지 마. / 날 귀찮게 하지 마.

난 싱글인 게 싫어.

이제야 말이 통하는군.

내가 네 뒤를 봐줄게. / 내가 있잖아.

THE HILLS Season 2 Episode 02 — Day 36

제 시간에 와. / 늦지 마.

널 믿어.

너 쫙 빼 입었구나!

내가 좀 옆으로 가도 될까?

네가 와줘서 기뻐.

재미있었어. / 즐거운 시간 보냈어.

조심해!

그녀가 거의 날 칠 뻔했어.

여기 좋은 냄새가 나는데.

루크가 오늘 밤 날아다니는데.

오늘 밤은 샤워 안 해도 돼.

그에게서 눈을 뗄 수가 없었어.

그건 약간 질려.

나 농담하는 거였어.

제가 질문해도 괜찮을까요?

그만해.

그만 털어버려. / 그만 잊어버려.

그가 내 여자친구를 찝쩍대고 있었어.

ONE TREE HILL Season 1 Episode 03 — Day 39

버텨. / 견뎌.

내 말 오해하지 마.

내가 사과할게. / 사과할게 있어.

다 그런 식이지 뭐.

그럴 가능성 없어. / 안 돼.

마음대로 하세요.

ONE TREE HILL Season 1 Episode 04 — Day 40

내가 잘난척하려고 그랬던 건 아니야.

나 정말 네 도움이 필요해.

그거 참지 마.

내가 화낸 거 미안해.

그 아버지에 그 아들이군요.

넌 정말 왕재수야.

그건 불공평해요.

그것에 대해 네가 할 수 있는 것은 없어.

그건 내겐 위험을 걸만한 가치가 있어.

너 괜찮니? / 당신 괜찮아요?

다음에 보자! / 이따가 보자!

네가 뭘 할 수 있는지 한번 보자.

어디 가서 코가 삐뚤어지게 마셔보자!

이제 됐어! / 됐으니 이제 그만해!

그게 중요한 게 아니야!

더 좋은 아이디어 있어?

그걸 이용하려고 하지 마.

어디 한번 해봐! / 덤벼 봐!

그녀는 내 관심 밖이야.

그냥 내 부탁 좀 들어주라.

떠벌리고 다니지 마. / 광고하고 다니지 마.

오늘 아침에 일찍 가봐야 해요.

너 드디어 고(자)백하는 거니?

설교는 아껴두시죠.

신경 쓰지 마.

정말 이런 우연이 다 있구나!

네 전화번호 좀 알 수 있을까?

난 그냥 네가 괜찮은지 확인하고 싶었어.

내가 다그치기도 하죠.

난 사람들을 연결해주는 재주가 있어.

개는 그럴 만해.

원샷!

개는 키스를 정말 잘해.

넌 행복해질 자격이 있어.

너 과민반응하는 거야.

괜찮아요.

너 꼴이 말이 아니구나!

다음 기회로 미루자.

나 땡땡이치는 거 아니야.

모든 건 금방 제자리로 돌아갈 거야.

난 그녀를 실망시키고 싶지 않아.

소란 피우지 마.

그녀는 항상 놀라게 해. ______________________________

넌 정말 문제만 일으키고 다니는구나. ______________________

너 아직도 숙취에 시달리니? ______________________________

가서 옷 갈아입어야겠다. 금방 올게. ____________________

잠깐 시간 있니? ______________________________________

나랑 농담 따먹기 하지 마. ____________________________

너 여전히 몸매가 좋구나. ______________________________

앉으세요. ____

늦어서 미안해요. ______________________________________

우리 몰래 빠져나갈 수도 있어. ________________________

그건 네가 상관할 바 아니야. __________________________

누군가 입이 아주 가볍구나. __________________________